나는 오늘 나에게
ADHD라는 이름을 주었다

서른에야 진단받은 임상심리학자의 여성 ADHD 탐구기

나는 오늘 나에게 ADHD라는 이름을 주었다

신지수 지음

많이 달라졌다고들 하지만 여전히 정신과의 문턱은 높은 것 같다. 다들 웬만큼 괴로워서는 찾지 않는다. 이런 상황이니 누군가 정신과에 내원했다는 사실 자체로 그가 겪는 고통의 정도가 이미 상당함을 짐작할 수 있다. 사람들은 자신이 겪는 것의 정체가 무엇인지 알 수 있을 거란 기대로 병원을 찾는다.

나는 임상심리학자로, 심리 평가를 통해 환자의 고통에 이름을 찾아주는 일을 한다. 모든 정신장애와 심리 치료의 시작은 증상에 대한 올바른 명명과 인정에서 비롯된다. 자신을 괴롭힌 그것의 이름을 알게 되는 순간, 환자는 안도감을 느낄 것이다. 정작 나는 평생에 걸쳐 나를 고통에 빠뜨린 그것에 ADHD라는 이름이 있다는 사실을 너무 늦게 알게 되었지만 말이다.

나는 이틀에 한 번 주의력 문제가 있는 환자들을 만나면서도, 그들을 대상으로 검사를 진행한 후 검사 결과를 보며 '이 환자가 ADHD일까, 아닐까'를 고민하면서도, 심지어 ADHD 환자를 직접 치료하면서도 설마 내가 ADHD일 거라고는 의심하지 못했다. 대체 왜 그랬을까? 어떻게 그럴 수 있었을까?

의아하고 궁금했다. 그렇게 오랫동안 축적해온 여성 ADHD에 관한 정보와 내가 뒤늦게 ADHD를 진단받고 치료에 이른 과정을 많은 이들과 함께 나누고 싶었다. 2019년 마음이 맞는 친구와 독립출판물 《여자프렌들리》를 출간하기로 하고, 그 중 한 챕터인 〈친애하는 나의 ADHD 여성에게DEAR MY ADHD WOMEN〉를 썼다. 책은 크라우드 펀딩 사이트 '텀블벅'에서 후원을 받은 덕분에 '2019 언리미티드 에디션'에서 독자들에게 선보일 수 있었다.

그때만 해도 우리나라에서 여성 ADHD에 대해 이야기하는 이는 거의 없었다. 사람들의 관심과 반응은 생각보다 뜨거웠고, 여성 ADHD와 관련한 논의와 공감대가 활발하게 형성되고 있음을 체감했다. 당시 SNS에 소개된 독립출판물의 일부는 1만 4천 번 이상 리트윗되었고, 지금도 천천히 퍼져나가고 있다. 이후 많은 이들로부터 이메일과 SNS 다이렉트 메시지를 받았다. 자신을 괴롭혀온 것의 이름을 알게 된 기쁨과 ADHD 치료 소감에 관한 것이 대부분이었다. 아직 진단받지 못했지만 용기 내 병원에 가겠다는 다짐도 있었다. 이를 통해 나는 세상에 더 많은 여성 ADHD 이야기가 필요하다고 확신했다.

나는 여성 ADHD를 더 열심히 파보기로 했다. ADHD와 관련된 것이라면 무엇이든 찾아 읽었다. 수많은 논문과 다양한 분야의 도서들이 책상에 쌓여갔다. 힘겨울 때마다 SNS에서 내 늦은 진단 이야기를 읽고 ADHD를 진단받았다던 여성들의 이야기를 떠올렸다. 천천히 이야기의 윤곽이 잡혀갔다. 그 후 1년여 동안 집필에 매달렸고, 독립출판물의 40배가 넘는 원고가 완성되었다.

나를 괴롭히던 것의 정체를 알기 위해 제 발로 진료실을 찾아간 과거의 나처럼, 내게 늦은 진단 후기를 보내온 많은 여성처럼, 우리는 원하면 언제든지 우리를 괴롭히는 고통의 이름을 알 수 있어야 한다. 물론 쉽지 않은 일이다. 임상심리학자로 일하며 많은 환자를 만나는 나조차도 서른이 되어서야 ADHD를 의심하고 진단받지 않았던가.

누군가는 나의 불성실이 뒤늦은 진단의 원인이라고 지적할지 모른다. 인정한다. 나는 ADHD의 반쪽만을 알았다. 다만 개인에게만 책임을 묻는다면 세상에는 과거의 나 같은 반쪽짜리 전문가가 계속해서 나올 것이다. 나는 지난날 내가 놓친 부분들을 인정하고, 그동안 주목받지 못한 여성 ADHD의 목소리에 귀를 기울였다. 그리고 이 책에서 이 문제의 책임을 질병의 특성, 진단 기준과 진단 도구, 미디어와 사회적 분위기, 그리고 심리학·정신의학계 등에 공평하게 나눠 지웠다. 우리가 우리 어려움의 이름을 알지 못했던 건 결코 우리 책임이 아니다.

ADHD 연구에 앞장서온 연구자들 중 많은 이가 ADHD 환자임을 고백했다. 그들은 ADHD를 극복하자고 말하지 않는다. 나 역시 같은 생각이다. ADHD라는 이름을 갖고도 잘 살아보자는 마음으로 책을 썼다. 우리가 서로의 희망이 되어주길.

마지막으로 이 책을 ADHD 자가 진단이나 치료의 목적으로 사용하지 않기를 당부한다.

2021년 6월

신지수

차례

- 도대체 ADHD가 뭐길래
- 교무실에 드나들지 않은 학생이 어디 있다고
- 병원에 가는 일은 쉽지 않았지만

1장

임상심리학자, 몰래 ADHD 검사를 시행하다

나는 임상심리학자Clinical Psychologist[1] 다. 대학병원에서 수련 과정을 마치고 한국임상심리학회에서 주관하는 임상심리 전문가 자격을 취득했다. 현재 정신과 병원에서 일하고 있다. 임상심리학자가 하는 일은 면담과 심리 검사를 통해 정신건강에 문제를 겪는 환자의 정신병적 증상이나 이상행동을 비롯해 인지능력, 정서, 성격 등을 평가 및 진단하고 치료하는 것이다. 정신과나 신경과, 심리상담센터, 발달센터, 교내 상담센터 등에서 심리 평가와 심리 치료를 시행하는 대다수가 임상심리학자다.

더 구체적으로 설명하자면 이러하다.

인터넷을 둘러보던 김보람 씨는 우연히 ADHDAttention Deficit Hyperactivity Disorder 진단 기준을 읽고 자기 이야기처럼 느꼈다. 놀란 마음에 부랴부랴 동네 정신과를 찾았다. 의사에게 자신이 경험한 ADHD 증상들을 설명하고 불편을 호소했다. 보람 씨의 이야기를 들은 의사는 당장 진단을 내리기에 모호한 부분이 있다고 판단한다. 보람 씨가 겪고 있는 주의력 문제는 개인의 엄격한 기준 탓에 주관적으로 과장되게 느껴질 수 있다. 또는 기질적으로 불안감이 높다 보니 집중하면 할수록 걱정거리가 떠올라 주의력에 문제가 발생하는 가능성도 배제할 수 없다. 개인의 상황에 맞는 도움을 주기 위해서는 좀 더 정확한 진단이 필요했다. 어쩌면 ADHD 진단에는 의심의 여지가 없지만, 그 밖의 정신건강상 다른 문제가 있을지, 어떤 치료가 필요한지 살펴봐야 하는지도 모른다.

의사는 임상심리학자에게 심리 평가를 요청하고, 보람 씨는 심층적인 심리 검사를 받는다. 검사는 피검자인 보람 씨가 검사자인 임상심리학자의 질문에 답하거나 그림을 그리고, 단어나 숫자를 외우고, 컴퓨터로 버튼을 누르는 등의 방식으로 진행된다. 이를 통해 임상심리학자는 보람 씨가 정말 ADHD 증상을 보유했다고 말할 수 있는 수준의 의미 있는 주의력 저하나 충동성을 겪고 있는지, 언제부터 이런 문제가 발생했는지, 지능은 얼마나 되는지, 지능 수준에 비해 기억력은 어떠한지, 주의력에 영향을 미칠 만한 다른 요인은 없는지, 현재 우울감이나 불안감은 어떤 수준인지 등을 평가한다.

임상심리학자는 면담과 심리 검사에서 얻은 정보를 바탕으로 심리 평가 보고서를 작성한다. 의사는 이 보고서를 검토하고 면담에서 얻은 정보와 진단적 인상을 종합하는 과정을 거쳐 김보람 씨에게 어떤 약물이나 치료적 조언이 필요한지를 판단한다.

임상심리학자는 필연적으로 정신병리에 대해 빠삭해야 한다. 나는 대학원에서 임상심리학을 공부하는 내내 정신장애의 진단 기준은 물론이고 병의 원인, 치료법, 최신 논문까지 늘 업데이트하느라 분주했다. 이 과정을 거치는 사람이라면 통과의례처럼 겪는 경험이 있다. 이른바 '의대생 증후군.' 어떤 질병에 관해 공부하면서 그 증상이 자신의 현재 상태와 꼭 들어맞는다고 의심하며 걱정하는 것이다. 아직 질병에 대한 전문 지식이 부족한 데다 병리적 수준과 정상 범위에 속하는 수준을 구별하지 못해 착각하기 쉽다. 나 역시 대부분의 정신 장애를 염려했다. 심지어 사이코패스와 혼동되어 쓰이는 반사회성 성격장애를 의심한 적도 있다.(나 자신이 동정심 많은 사람이란 걸 아는데도 그랬다.) 그 와중에 결코 의심하지 못했던 장애가 있었으니. ADHD가 바로 그것이었다. 우리말로 하면 '주의력 결핍 및 과잉행동/충동성 장애'.

그동안 나는 ADHD 환자들의 심리 평가 보고서에 다음의 문구를 빈번하게 써왔다.

> 진단적 인상 및 제언: Attention Deficit/Hyperactivity Disorder(ADHD)가 시사됨. 이에 약물치료와 더불어 적응을 높일 수 있는 심리상담이 도움되겠음.

이 문구가 내게도 적용되는지 정말 몰랐다.

도대체 ADHD가 뭐길래

ADHD는 말 그대로 주의력 결핍의 문제, 과잉행동이나 충동성의 문제 또는 이 모든 문제가 혼합되어 나타나는 장애이다. 전형적으로 초기 발달 단계인 학령기(만 6~12세) 이전에 발현되기 시작하는, 유병률이 높은 만성 소아질환 중 하나다. 2016년 미국 질병통제예방센터Centers for Disease Control and Prevention가 조사한 바에 의하면 미국의 만 2~17세의 소아청소년 중 9.4퍼센트인 약 610만 명이 ADHD를 앓고 있다.[2]

이제는 많은 사람이 ADHD를 잘 알고 있다고 하지만, 실상은 그렇지 않다. 오랫동안 심리학·정신의학계에서는 ADHD와 관련하여 남아 위주의 연구 및 치료에 집중해왔고, 자연스레 대중매체도 ADHD를 '천방지축인 남자아이의 얼굴'로 묘사해왔기 때문이다. 지나치게 활달한 우리 아이에게 장애가 있을지도 모른다는 ADHD의 대중적 이미지는 부모를 겁주기에 충분했다. 약 한 알로 주변 사람들을 성가시게 했던 과잉행동을 조절할 수 있다는 정보는 교사들의 이목을 끌기에 용이했을 것이다. ADHD에 대한 편견, 즉 'ADHD는 정신없는 남자아이에게나 해당한다'는 고정관념은 사회에 빠르게 퍼진 뒤 대중의 머릿속에 견고하게 자리 잡았다. 하지만 이는 불완전한 정보다.

ADHD는 여자아이라고 예외일 수 없다. 지금도 여자아이들의 진단율은 꾸준히 늘고 있다. 그뿐만 아니라 아동기에 진단을 받은 사람들 중 85퍼센트가량은 ADHD의 일부 증상들이 성인이 되어서도 지속된다는 사실이 밝혀졌고,[3] 성인 ADHD 유병률은 8.2퍼센트로 나타났다.[4] 이 글을 읽는 '우리' 중에도 아직 진단받지 못한 여성이 많을지도 모른다. 누군가는 주관적인 의심에 확신을 더하고 싶은 마음으로 이 책을 집어 든 것일 수도 있다.

도대체 ADHD란 무엇일까? 상세한 증상을 알고 싶은 이들을 위해 간단한 체크리스트를 준비했다. 아래 제시한 문항은 임상 현장에서 실제로 사용되는 자기 보고식 체크리스트로, ADHD 선별 과정에서 제공된다.[5] ADHD 증상을 예측하는 문항들로 구성되어 있으며, 각 증상이 나타나는 빈도 중 자신의 상태와 가장 유사한 것을 골라 체크하면 된다. 음영으로 처리된 칸에 4회 이상 체크했다면, 전문가의 심층적인 면담 및 평가가 필요할 수 있다. 이 여섯 항목으로 진단 여부가 결정되는 것이 결코 아니므로, 정확한 진단은 전문가에 의해서만 내려질 수 있다.

ADHD 자기 보고식 체크리스트

	지난 6개월 동안 다음의 문제를 겪은 적이 있는가?	전혀 없다	거의 없다	가끔 그렇다	자주 그렇다	매우 자주 그렇다
1	해야 할 일을 잊거나 친구와의 약속을 깜박해 난감했던 적이 있는가?					
2	일의 순서가 명확한 일을 진행할 때 어려움을 느낀 적이 있는가?					
3	일의 어려운 부분을 잘 해결한 뒤에 그 일을 끝맺지 못한 적이 있는가?					
4	성가신 일을 미루거나 피한 적이 있는가?					
5	말이나 행동을 과장되게 하거나 멈춰야 할 때 그러지 못한 적이 있는가?					
6	오래 앉아 있을 때, 다리를 떨거나 손을 만지작거린 적이 있는가?					

누구나 조금씩은 체크리스트에서 이야기하는 증상과 비슷한 측면을 지닐 수 있다. 다만, 나를 구성하는 무수한 차원이 있다는 것을 감안하더라도, 이 증상들이 자신을 얼마만큼 잘 설명하는지는 스스로가 잘 알 것이다.

나의 경우, 여섯 개의 질문 모두 '매우 그렇다'에 체크했다. 질문을 평서문으로 바꾸고 그대로 자기소개서로 제출해도 무리가 없을 정도다. 임상심리학을 공부하면 할수록 '그동안 ADHD의 원형에 가까운 삶을 살았구나' 싶다. 그런데도 나는 왜 더 일찍 진단을 받지 못했을까? 이에 대한 의문은 잠시 미뤄두고, 내가 ADHD일지도 모른다는 의심의 싹이 피어올랐던 장면으로 가보자.

교무실에 드나들지 않은 학생이 어디 있다고

"학교 다닐 때 가끔 교무실에 불려 갔다."[6]

많이 쓰이는 심리 검사 질문 중 하나다. 임상심리학자로 병원에서 일하면서도 나는 그 문항이 항상 불만스러웠다. 학교를 다녔으면 당연히 교무실에 불려 다닐 일이지, 이게 무슨 중요한 정보가 된다고?

그러던 어느 날 뒤통수가 얼얼해지는 순간을 맞이한다. 동료와 대화하던 중 참았던 불만을 터뜨렸을 때였다. "'학교 다닐 때 가끔 교무실에 불려 간 적이 있다'는 그 문항, 진짜 별로이지 않아요? 교무실 좀 드나들지 않은 사람이 어디 있냐고요. 그걸로 뭘 측정하겠다는 건지 이해가 안 가요." 이어진 침묵과 나를 의아해하던 상대의 눈빛. 그는 내가 미안해질 만큼 조심스럽게 물었다. "저는 교무실에 가본 기억이 없는데요. 혹시 선생님은 교무실에 갈 일이 많았나요?"

나는 학교 다닐 때의 기억을 더듬어보았다. 중학교 졸업식날, 담임선생님은 40명의 반 아이들 중 나에게만 책을 한 권 건넸다. 1년간 매일 아침 교실 뒷사리에 꿇어앉아 적어 내려갔던 나의 반성문 뭉치를 엮은 것이었다. 반성의 이유는 그 두께만큼 다양했다. 그런데 이상하다, 나만 왜 그런 걸 받았지?

이번엔 문제의 그 교무실에 대해 생각해본다. 교무실에 불려 갔을 때마다 늘 함께하는 동지들이 있었다. 덕분에 양팔 높이 들고 벌을 받는 일이 서럽거나 심심한 적이 없었는걸. 그러고 보니 또 이상하다. 교무실에서 마주친 아이들이 늘 한정된 인물들이었던 것 같다. 걔가 걔. 아아, 걔들은 모두 나의 친구들이었다. 나와 유사한 문제를 지녔던 아이들.

그때도 지금도 후회나 반성이라고는 없는 우리는 어른이 되어서도 학교에서 저지른 자잘한 잘못들에 대한 기억 나누기를 좋아한다. 그래도 어느 날 한 친구가 들려준 '그날의 기억'은 꽤나 충격적이었다. "그때 너랑 나랑만 숙제한 책을 집에 놔두고 왔던 거 기억나? 나는 엄마가 가져다주었고 너는 점심시간에 집에 다녀왔잖아. 근데 선생님이 너한테 이 책 네 것이 아니라 빌려온 거 아니냐고, 막 화를 냈어. 네 것이 맞다면 이 글씨들 한번 읽어보라고. 근데 너 못 읽더라."

내가 교무실에 불려 가 혼나는 동안 교실을 지키고 있던 착실한 친구들에 대해서도 처음으로 생각해보았다. 그 아이들이 보냈을 일상을 생각하니 내겐 지루하고 어색하기 짝이 없는 것이었다. 그 아이들의 눈으로 내 세상을 바라보기도 했다. 나의 문제 행동들은 내가 생각했던 것보다 훨씬 더 엉망진창이었다. 나는 평균에서 벗어난 것조차 인지하지 못하고 비정상적 기준을 정상으로 착각하며 살아온 게 아니었을까? 정상과 비정상의 기준이란 건 별 게 아니다. 세상에 100명의 사람이 있다고 가정했을 때, 내가 100명의 평균값에서 너무 멀리 떨어져 있다면 '비정상'에 위치했다고 볼 수 있다. 보편성에서 크게 벗어나 두드러진다는 뜻이다. 나는 언제 어디서나 눈에 띄는 사람이었다. 내겐 확실히 문제가 있다. 아아, 나 영락없는 ADHD 아니냐.

가벼운 의문에서 확신으로 가는 건 순식간이었다. 한번 자기 인식을 하고 나니 내가 ADHD를 앓고 있다는 증거들이 쏟아져 나왔다. 환자들을 향하던 질문들을 나에게 던져보았다. 다른 사람들의 대화 중에 끼어들지는 않는지, 물건을 잘 잃어버리지는 않는지, 일을 구조화하는 데 특별한 어려움은 없는지, 자리에는 오래 잘 앉아 있는지, 혹시 앉아 있을 때 끊임없이 꼼지락거리거나 안절부절못하는지, 충동적인 행동을 하지는 않는지, 성급하다는 인상을 주지는 않는지 등등. 오, 나다. 더는 의심할 필요도 없이 전부 내 얘기였다. 병원에서 일하며 적어도 일주일에 세 번은 꼬박꼬박 물어온 이 일련의 질문들이 내게도 해당됐다.

일상생활의 어려움을 ADHD라는 언어로 바라보기 시작하니, ADHD가 영향을 미치지 않은 장면을 찾기가 더 어려웠다. 친구들과의 수다에서는 물론이고 직장 동료들과 나누는 대화에서도 그랬다. 상대방의 말이 채 끝나기도 전에 훅훅 끼어들어 내가 하고 싶은, 중요하지도 않은 말을 했다(머리로는 그러면 안 된다는 걸 당연히 안다). 내 사무실 책상 위는 늘 어수선해서 동료들은 내가 퇴근한 건지, 잠시 외출한 건지 헷갈려 했다. 물건은 너무 자주 잃어버렸다. 물건을 찾는 시간으로 인간 수명을 갉아먹는 것이 너무 아까워 늘 울부짖었다. 일을 착수하기 전에 미리 계획하는 건 내 머리로는 불가능한 일이었다. 무작정 일에 뛰어든 뒤 실패를 통해 배워나갔다. 시행착오만이 나의 스승이었다. 그래서 같은 일에도 남들보다 많은 시간을 필요로 했다. 심신이 고달팠지만 계획을 세우느니 고생하는 편이 차라리 낫다고 여겼다. 한곳에 오래 앉아 있는 것도 견디기 어려웠다. 강의를 들을 때면 손, 발, 머리, 허리, 무릎 등 어디 하나 가만두지 못했다. 그것도 인내의 한계점에 다다르면 아무리 견뎌도 끝날 것 같지 않은 그 지루한 시간에 화가 치밀어 올랐다. 강의 내용엔 당연히 주의를 기울이지 못했다. 집중할 수 있는 시간도 물론 짧았다.(지금도 한 문장 쓰고 침대에 누워 스마트폰을 보고, 또 한 문장 쓴 뒤 이불에서 삐져나온 깃털 하나를 도로 집어넣겠다고 한참 시간을 보냈다. 그냥 뽑아버리면 될 것을 괜히.)

그래도 설마 내가 ADHD일까 싶었다. 그 정도는 아니길 바랐다. 더 깊게 생각하고 싶지도 알고 싶지도 않았다. 하지만 문제는 내가 양심을 가진 사람이라는 데에 있었다. ADHD가 있는 아이를 치료하는 과정에서 자꾸 죄책감이 들었다. 내 앞에 앉아 있는 아이 못지않게 나 역시 주의력 문제를 겪고 있으면서 치료자의 역할을 한다는 것이 아이를 기만하는 것처럼 느껴졌다. 나도 잘 못하는 걸 아이가 잘할 수 있도록 노력하게 만드는 것이 미안했다. 내 역할이 그것이고, 내가 하고 있는 일이 아이에게 도움이 되고 있음은 의심할 여지가 없었다. 하지만 그와 별개로 불편했다. '지금 누가 누굴 치료하는 거야?'라는 생각 때문에 괴로웠다. 어느 날엔 치료받는 아이의 눈을 제대로 쳐다볼 수 없었다. 이제는 더 이상 회피할 수 없었다.

주의력 검사를 하겠다고 마음먹고 나서도 여러 날이 지났다. 그리고 또다시 며칠이 흘렀다. 달이 바뀌고 계절도 바뀌었다. 팔을 드러냈다가 길고 두꺼운 옷차림을 하는 지경에 이르렀다. 그러는 동안 나도 하지 못하는 걸 환자가 하게 만드는 일에 자신감과 뻔뻔함을 부여했다. '나는 비록 못하지만 넌 잘할 수 있게 해줄게!' 나중에는 내 문제에 직면해야 한다는 동기도 점점 잊혀갔다. 전형적인 나의 행동 패턴이었다. 느낀 바가 있어 가슴이 뜨거워지고 불타올랐다가 회피하고 또 부정하면서 결국 행동에 옮기기 전에 푸쉬쉬. 다행이라면 다행이라고 할까, 삶을 굴러

가게 만드는, ADHD의 증상이기도 한 충동성이 여전히 내게 있었다.

평범하고 지루하던 어느 날 점심시간, 내가 결정을 내리는 거의 모든 순간이 충동적이듯, 근무하는 병원의 검사실 문을 박차고 들어갔다. 점잖게 흰 가운을 차려입은 상태로 컴퓨터 화면 앞에 앉아 검사를 실시했다. 누가 결과지를 보기라도 할까 검사 프로그램에 내 이름 대신 '111'을 입력했다.

검사는 목표 자극(특정 도형이나 소리)이 화면에 주어지면 규칙에 따라 스페이스바를 누르거나, 방해 자극에도 스페이스바를 눌러서는 안 되는 등의 과정으로 진행된다. 이를 통해 주의 지속력, 선택적인 주의력, 충동 조절 능력, 기민성 등을 측정한다. 나는 스페이스바를 누르지 않아야 할 때 재빠르게 눌러버리는 충동성을 억제하기 힘들었다. 비명을 질러가며 어렵사리 검사를 완수했다. 일부러 최선을 다하지 않음으로써 혹시라도 나올 수 있는 나쁜 결과로부터 나를 보호하고 싶다는 유혹에 잠시 휩싸였으나, 차라리 온몸으로 좌절을 맛보겠다는 결의(?)로 성실하게 임했다. 평소에는 환자에게 30분가량 걸리는 이 지루한 검사를 받게 해서 미안한 마음이 들곤 했는데, 막상 직접 해보니 스릴 넘쳐서 시간 가는 줄 몰랐다(덕분에 요즘에는 죄책감이 덜하다).

무사히 검사를 마친 뒤, 컴퓨터 화면에는 다음과 같은 검사 결과가 떴다.

> "저하."
> "만 28세 여성을 기준으로 검사 결과를 판단할 때 억제지속 주의력, 간섭선택 주의력에 문제가 있음을 시사함."

아, 어쩐지 내 인생이 비효율적으로 돌아가더라니.

충동성을 조절할 수 있는 능력이 다른 사람에 비해 현저히 떨어진다는 결과였다. 내 주관적 '느낌'이 아니라, 객관적인 검사의 수치가 주의력 문제를 확인해주고 말았다. 사실 설마 설마 했다. 나는 '오바쟁이'니까 어렴풋이 내가 실제로는 ADHD가 아니라고 여겼다. 정상 범위에 속하는 평범한 사람임을 인정할 준비를 하고 있었는데……. 너무나 정상인 결과를 보고 머쓱할 준비가 되어 있었는데……!

한참을 검사실에 멍하니 박혀 있었다. 검사 결과를 어떻게 받아들여야 할지 도무지 알 수 없었다. '정상성'이라는 게 얼마나 드넓은데…… '평균' 수준이라는 게 얼마나 너그럽고 포용력이 넓은 범위인데……. 나처럼 평범한 애가, 이토록 보통의 인간인 내가 보편성을 잃다니! 끝도 없이 떠오르는 나의 문제 행동과 실수 들. 당혹스럽고 심장이 쿵쾅거렸다. 수치심이 밀려왔다(그 이유는 여전히 설명하기 어렵다). 이전과는 같은 사람으로 살 수 없을 것만 같았다. 내가 정말 임상적인 수준에서 신경학적 문제를 가지고 있다니, 기가 찼다. 고칠 수 없는 만성위염이나 시도 때도 없이 존재감을 드러내는 콜린성 두드러기 판정을 받는 일과는 전혀 다른 것이었다. 두렵고 무서웠다. 그래도 다행히 나는 ADHD라는 게 정확히 무엇인지, 어떻게 해야 하는지 알고 있었다.

병원에 가는 일은 쉽지 않았지만

이후 좀 더 정확한 진단을 위해 내가 근무하고 있는 병원과 가까운 정신과를 방문했다. 당시 나는 여성 ADHD 환자에 관한 독립출판물 출간을 앞두고 있었다. 나의 ADHD 이야기가 책으로 인쇄되기 전, 적어도 정식적인 절차(라고 하기엔 거창하지만)를 통해 진단을 받아야 한다고 생각했다. 내가 ADHD가 아닐지도 모른다는 염려가 있어서 꾸역꾸역 예약을 잡았다.

나는 분명 ADHD의 진단 기준을 차고 넘치게 충족했고, 실제로 기능적인 측면에서 ADHD 증상으로 인한 손상을 경험하고 있었다. ADHD 증상을 확인하는 자기 보고식 설문지를 준비해서 가져갔는데, 이마저 민망할 정도로 임상적 수준을 가볍게 뛰어넘었다. 그래도 임상심리학자이다 보니 나의 직업적 주관이 결과에 얼마나 영향을 미쳤는지 분별하기가 어려웠다.

더욱이 주의력 검사 결과에서 '모든' 영역이 저하 수준은 아니었다. 그래서 더 불안했다. 앞서 말했듯 여성 ADHD 환자에 관한 독립출판물 출간을 앞두고 있어 이미 그 출판 프로젝트로 텀블벅에서 1,000만 원이 넘는 후원과 응원을 받은 상황이었다. 이제 와서 이렇게 구석구석에 문제가 있는 일상이 ADHD 때문이 아니라면 오히려 더 끔찍할 것 같았다. 누군가 장래희망 같은 걸 묻는다면 그 순간만큼은 'ADHD 환자'라고 말하고 싶을 지경이었다.

사실 갈 만한 병원을 찾는 일부터 쉽지 않았다. 처음에는 수도권에 위치한 본가 아파트 단지에 있는 개인 병원에 가려고 했다. 막상 환자로 정신과에 가려니 기분이 이상했다. 예약 전화도 망설이다 결국 병원 홈페이지 게시판에 예약 문의 글을 쓰는 지경이었다. 얼마 뒤 병원으로부터 '게시글로는 예약이 어려우니 전화로 예약해달라'는 메일을 받았다.(그런 방식으로 예약이 될 거라고 진심으로 생각했던 건가.) 용기를 내어 병원에 전화를 걸었다. 전화 한 통 하는 게 뭐라고, 별것 아니었다. 피자를 주문하는 일과 비슷했다. 전화를 받은 사람은 대면 중인 환자를 대응하느라 나와의 통화에 집중하지 못하는 듯했다. 나는 한결 자신감이 붙은 목소리로 토요일 예약 여부를 물었다. 토요일에 진료를 받으려면 한 달은 기다려야 한단다. 어쩔 수 없이 다른 병원을 찾아야 했다.

이왕이면 좋은 병원에 가고 싶었다. 성인 ADHD 환자를 만나본 경험이 많은 전문가가 간절했다. 내 문제를 대수롭게 여기거나 오진하지 않고, 증상을 호소하는 내 말에 귀 기울여주는 의사. 시험이라도 치듯 ADHD 진단을 한 방에 통과하고 싶었다. 직장과 집 주변의 정신과 홈페이지를 하나하나 탐색했다. 평소 출근길에 보았던 간판의 이름도 열심히 검색했다. 고민 끝에 선택한 병원은 집 근처 개인 정신과였다. 소아청소년 정신과 관련 이력이 많아 마음이 놓였다. 아무래도 ADHD 환자를 보는 일은 성인과보다는 소아청소년과에서 훨씬 빈번하므로 정확한 진단에 결정적인 부분이 될 거라 여겼기 때문이다. 심지어 병원 원장님이 여성이라는 점은 개인적인 선호에서 마음에 들었다. 모든 조건이 맞아떨어졌다.

헬스장과 마찬가지로 병원은 집이나 직장과 가까운 곳이 좋다. 약 처방을 받기 위해서라도 한 달에 한 번은 내원해야 한다. 거리상 접근성이 낮으면 약 처방을 미루게 된다. 처음엔 길거리에서 담당 의사를 만나거나 병원에서 나오다가 직장 동료와 마주칠까 염려했지만, 지금은 모든 게 익숙해져 남들을 의식하는 일은 없다. 오히려 점심시간에 후다닥 다녀올 수 있어서 좋다.

이번엔 병원 홈페이지 게시판에 글을 남기는 대신 바로 전화를 걸어서 진료 날짜를 잡았다. 마찬가지로 토요일 진료는 한 달 이상 예약이 차 있어서 평일 점심시간에 내원하기로 했다. 전화기 너머로 이전에 정신과 방문 경험이 있는지, 어떤 문제로 내원하는 건지, 복용하는 약이 있는지 등 몇 가지 질문을 했다. 정신과를 처음 방문하는 일을 개의치 않는다는 인상을 주기 위해 최대한 신경 쓰며 답했다. 그냥 자연스럽게 말할 걸 그랬나 싶기도 하지만.

검사 당일. 이제 와서 ADHD가 아니라는 진단을 받는 건 정말 기대하지 않는 일이었으므로, 검사실에서 몰래 실시한 결과지와 설문지를 주섬주섬 챙겼다. 내 수치가 정상 범위를 기준으로 할 때 얼마나 높은지를 또박또박 정성을 들여 메모한 증거자료였다. 드디어 복잡한 심경으로 병원에 들어갔다. 내가 점심시간 전 마지막 환자인 것 같았다. 데스크에 내 이름을 말했다. 인적 사항을 적는 용지와 우울, 불안 증상에 관한 설문지를 몇 장 받았다. 내원 직전, 병원 근무시간에 내가 환자에게 주고 온 것과 동일한 것이었다. 모든 문항을 외울 수 있었지만, 한 번도 직접 체크해본 적은 없었다. '아, 이 정도는 알지, 알아~' 하는 심정으로 빠르고 가볍게 문항에 답변해서 제출했다.

앞선 환자가 진료실에서 나왔다. 얼마 후 나를 호명하는 분의 뒤를 따라 들어갔다. 알고 보니 나를 진료실로 안내한 그분이 바로 병원 원장님이었다. 의사가 진료실 안팎을 돌아다니며 환자들에게 직접 안내하는 모습은 난생처음 보았다. 당황스러웠다, '여긴 뭐지? 와!' 같은. 일단 그를 따라 자리에 앉았다. 원장님은 책상에 쌓인 종이 뭉치들 위로 내 차트를 올려놓고 뭔가를 적기 시작했다. 그 모습을 보고 있으니 긴장이 조금 가라앉았다. 사람과 공간 모두 편안한 분위기를 자아냈다.

원장님은 조금 전 내가 데스크에 제출한 설문지를 살피며, 병원에 오게 된 이유에 대해 질문했다. 무슨 말을 해야 할지 구체적으로 생각해본 적이 없어서 머릿속이 하얘졌다. 어디서부터 어디까지 얘기해야 할지 난감했다. 여전히 경직되어 바짝 올

라간 어깨가 좀체 내려오지 않았다.

"어릴 때부터 남들을 방해하고 다치고 사고치고 혼나고 실수를 저지르는 게 일상이었어요. 주의력 문제라고는 생각하지 않았는데, ADHD 환자들을 보면서 문득 제가 ADHD일 수도 있겠다는 생각이 들었어요. 검사해보니 저하된 부분이 있더라고요. 지금 다니는 곳이 첫 직장인데요, 그동안은 옆자리에 앉은 동기가 신경 써주어서 그나마 큰 실수는 피할 수 있었지만, 얼마 전 자리를 이동하면서부터는 누군가의 도움 없이 혼자 일해야 한다는 게 너무 두려워졌어요. 정말로 큰 문제를 일으키기 전에 약물의 도움을 받고 싶어요."

내 문제를 주절주절 늘어놓자니, 예상치 못한 설움이 몰려와 울먹였다. 원장님은 진단 기준이 적힌 설문지를 건네며, 다시 한번 내가 느끼는 증상을 체크하도록 했다. 대부분의 문항에 증상이 심하다고 체크했다. 원장님은 이게 다 해당되는 게 맞느냐며, 내가 언급한 것 이외의 증상들에 대해서도 질문했다. 현재 거주하는 방의 상태는 어떠한지, 학교 다닐 때 성적은 어땠으며,

성장기에는 어떤 아이였는지 물었다.

"아직도 집에 들어갈 때마다 도둑이 든 것은 아닌지 깜짝 깜짝 놀라요. 학교 다니는 내내 교실 뒤나 교무실 구석에서 벌을 받았고요. 성적은 평균 이상을 받아오다가도 뜬금없이 거의 꼴찌를 하고. 대학원 졸업 때까지도 과목별로 기복이 심했어요. 아무도 절 이해하지 못했죠."

가족력 유무를 묻는 질문에 '특별한 것은 없지만 엄마도 부주의하고 충동적인 모습을 자주 보인다'고 고자질하듯 답했다. 원장님은 조금 전 제출한 내 인적 사항을 보면서 직업 이야기를 꺼냈다. 원장님 또한 대학병원에서 외래 진료를 보고 있던 터라 임상심리학자와 수련 생활에 대해 소상히 알고 있는 듯했다. 업무량으로 인해 일시적으로 주의력 문제가 생긴 건 아닌지를 구분하기 위한 질문이 이어졌다. 조금 전 작성한 우울 증상 설문지에서 중증도 수준의 우울감이 있다고 했다. 너무 놀라서 나오려던 눈물이 쏙 들어갔는데, 당시에 나는 전혀 우울하지 않았기 때문이다. 내가 어떤 증상에 체크했는지 떠올려봤다. 우울하거나 슬프지는 않았지만 수면 시간은 현저히 감소했고, 식사량은 늘었고, 자주 자기비판적인 생각을 멈출 수 없었다. 곱씹어보니 중증도 수준의 우울 증상임을 인정하지 않을 수 없었다. 그럼에도 ADHD로 의심되는 내 문제 행동이 우울감으로 인한 일시적인 문제는 아님이 밝혀졌다. 원장님은 마지막으로 결과지를 살펴보면서 이렇게 말했다.

"과거와 현재 시점 모두에 문제가 있고, 컴퓨터로 실시한 검사 결과에서도 주의력 저하가 나타난 것을 보니 ADHD일 가능성이 다분하네요. 기존 환자들 중에도 이 검사에서 문제가 발견되긴 쉽지 않거든요."

내원하기 전, 보험설계사에게서 정신과 약물을 복용하고 나면 특정 보험의 가입이 어렵다는 설명을 들은 것이 마음에 걸렸다. 다행히 원장님도 상황을 단박에 이해해주셨다. 약 복용은 잠시 미루기로 했다(ADHD 약물은 장기 복용이 일반적이라, 내원 전이나 약물 처방 전 미리 관련 보험을 알아보는 것이 좋다). 그렇게 나는 진단 결과만 확인한 채 병원을 나올 수 있었다.

병원을 나와 크게 심호흡했다. 진단을 받기 이전의 삶으로 돌아갈 수 없으리라는 막연한 두려움으로 머리가 복잡해졌지만, 한편으로는 후련했다. 안도감이었다. 진단을 받기 전까지 나는 다른 이름들로 불려왔다. 게으른 사람, 미성숙한 사람, 산만한 사람, 못 미더운 사람, 덜렁이……. 하지만 이제는 아니다. 나를 따라다녔던 것들이 이제는 '신지수'가 아닌 ADHD를 가리키고 있었다. 나를 주기적인 고통으로 몰아갔던 게 ADHD였구나, 드디어 그 원인을 제대로 찾았다는 생각이 나를 안도하게 했다. 불확실성보다 확실하게 인간을 불안으로 몰아넣는 것이 있을까? 대체 뭐가 문제이길래 인생이 자꾸 꼬여만 가는지 그동안은 정말 몰랐다. 지치고 힘들었다. 그럴 때마다 눈물을 펑펑 쏟은 뒤 겨우 차린 기운으로 똑같은 문제를 반복하며 살아왔지만, 이제는 아니다. 안갯속을 허우적거릴 수밖에 없었던 이유를 알아냈기 때문이다.

의외로 많은 사람이 증상에 대해 진단을 받고 병명을 알고 나면 크게 안심한다. 말로 표현하기 모호했던 어려움이 실존하는 병명으로 정체를 드러내는 순간, 비로소 시야가 명료하게 밝아지는 기분이 든다. 실체를 알았으니 나아질 방법이 있을 거라는 희망이 생긴다. 나와 같은 사람이 어딘가에 존재한다고 상상하면 연대감을 느끼고 위로를 받는다. 나도 그런 기분에 기대서 집으로 향했다.

- ADHD 진단에서 여성은 배제되어왔다
- 조용한 ADHD
- 여성 ADHD는 어떻게 발견되었나

2장

우리가 잃어버린 조용한 소녀들

나는 ADHD 진단을 받은 이후 병에 대한 관심이 높아졌다. 억울함과 아쉬움 때문이었다. 좀 더 일찍 진단받았다면 내 인생도 달라지지 않았을까? 지난날의 과오들 중 적어도 몇 개는 예방할 수 있지 않았을까? 그랬다면 스스로를 좀 덜 미워하면서 살 수 있었을 텐데……. 아마 내 한계를 지금처럼 낮게 잡지도 않았을 것이다. 스스로의 가능성을 믿고, 훨씬 더 많은 기회를 얻기 위해 애쓰고, 자신을 보다 더 자랑스러워하며 살았을지도 모른다.

한동안 ADHD에 매달렸다. 좀 더 일찍 ADHD를 진단받았다면 겪지 않았을 상처와 좌절 경험을 떠올리면서 다짐했다. 임상심리학자로서 앞으로 내가 만날 환자들의 아주 사소한 단서도 놓치지 말자고. 부담감과 책임감이 나를 짓눌렀지만, 적어도 나와 비슷한 어려움을 겪는 환자를 알아볼 수 있는 눈을 가지고 싶었다.

막상 깊이 있는 공부를 하려니 생각지도 못한 문제에 부딪혔다. ADHD 관련 도서 대부분은 ADHD 대상 환자군이 남자아이인 경우를 중심으로 설명하고 있었다. ADHD가 있는 남자아이의 유아기와 아동기는 어떠한지, 성인이 되어서는 어떤 증상으로 발현되는지 등에 대해서만 다루고 있었다. 여성 ADHD에 관한 의학적 정보를 찾기 어려웠다.

간간이 외국의 심리학·정신의학 저널에 발표된 성인 여성 ADHD 관련 자료를 찾아볼 수는 있었지만, 성인 남성과 남자아이 ADHD에 관한 자료에 비하면 한 줌 수준이었다. 나처럼 ADHD 증상을 가진 성인 여성에 관한 정보는 거의 부재하다시피 했다. 남자도, 아이도 아닌 성인 여성에게 ADHD가 도대체 어떤 증상으로 발현되는지, 어떻게 치료해야 하는지 제대로 알 수가 없었다. 당혹스럽고 막막하고 답답했다.

여자아이와 여성 ADHD에 대한 정보를 찾고자 더 많은 학술지와 웹사이트를 뒤졌다. 그러던 중 나는 〈수십 년 동안 소녀들의 ADHD를 진단하지 못해 '잃어버린 세대'를 낳았다Decades of failing to recognize ADHD in girls has created a "lost generation" of women〉[1]라는 제목의 인터뷰 기사를 읽게 되었다. ADHD 여성 환자들에 대한 연구를 지속해온 연구자들이 지금까지의 연구 방향에 관해 이야기를 나눴다. 이들은 그동안 여러 이유로 ADHD 진단에서 배제되어온 여자아이들의 존재를 알려왔다고 했다. 연구자들은 여성들이 어린 시절부터 현재까지 자신들이 겪은 어려움에 ADHD라는 정확한 병명과 원인 그리고 치료 방법이 있다는 것을 알게 된 이후 성인이 되어 정신과와 심리센터에 스스로 찾아오고 있다고 말했다.

인터뷰이 중 하나인 앨런 리트만Ellen Littman 박사는 미국의 임상심리학자이자 30년 넘게 ADHD 환자를 만나왔다. 그는 여성 환자와 남성 환자의 증상 발현이 다르다고 밝히며 이렇게 말했다. "여성 ADHD는 남성 ADHD와 극적으로 다른 양상으로 나타난다. 남성의 증상이 과잉행동을 내보이는 것과는 달리, 여성의 증상은 부주의하고 구조화를 어려워하는 양상으로 발현된다. 일반 여성에 대한 사회적 기대는 이러한 증상과는 반대되므로, 여성은 사회적 기대에 순응하며 증상을 숨기려고 부단히 노력한다." 임상심리학자이자 ADHD 전문가인 미셸 프랭크Michelle Frank는 같은 인터뷰에서 성인이 된 뒤에야 ADHD 진단을 받은 여성들에 대해 이렇게 말했다. "뒤늦은 ADHD 진단은 축복이자 저주이다. 진단은 굉장한 안도감을 가져다주는 동시에 궁금증을 불러일으킨다. 더 일찍 진단을 받았다면 무엇이 달라질 수 있었을까?"

여성과 ADHD라니! 이제 다시는 내가 알던 세계로 돌아가지 못할 거라는 확신이 든 순간이었다. 그전까지 나는 한 번도 'ADHD 여성'을 대상으로 한 깊이 있는 교육을 받을 기회가 없었다. 미국정신의학협회American Psychiatric Association에서 발행한 정신장애 분류 및 진단 절차가 담긴《DSM-5》[2]나 불친절하고 두꺼운 정신병리학 서적에서 몇 줄가량, 많으면 한 페이지 정도를 ADHD 여성 환자의 특징에 관해 다루었지만, 그것만으로는 부족했다. 게다가 ADHD 여성의 증상은 병리의 핵심과는 동떨어진 주변적인 내용으로 여겨지기 일쑤였다. 관심 있는 사람이라 하더라도 무심코 넘기기 쉬워 보였다. 그동안 내게 왜 ADHD 여성에 대해 충분히 숙고할 기회가 없었는지 쉽게 이해가 갔다. 그래도 이렇게나마 마주한 연구자들 덕분에, 여성들의 정신건강 문제를 알리기 위해 애써온 노력들 덕분에 나는 ADHD 여성의 삶을 상상하고 또 고민해볼 수 있었다.

진단을 받기 전 ADHD 여성의 삶은 보이지 않는 벽으로 둘러싸인 세상에서 소외와 혼란을 견디는 것과 같다. 그들에게는 무엇보다 보편적이고 상식적인 규칙과 약속 들이 무엇보다 지키기 어려운 일이다. 주변 사람들이 ADHD 여성을 이해하지 못하고, ADHD 여성 또한 이 어려움을 털어놓거나 의학적인 근거를 가지고 설명할 수 없다. 그렇게 그들은 주변 사람들과 자기 자신으로부터 유리된다.(내 경우에도 그랬다.) 그나마 진단을 받는 것이 가장 희망적인 일이겠으나, 그에 이르는 과정은 험난하다. 운 좋게 진단을 받는다고 쳐도, 이미 심리적·사회적·직업적 손상을 경험해온 그들의 인생이 곧장 구원에 이를 수도 없다. 이런 상황임에도 진단에서 누락되거나 기분장애, 불안장애로 오진되는 여자아이와 성인 여성은 여전히 많다. 진단을 받지 못했거나 진단을 받고도 어떻게 해야 할지 모르는 나와 같은 처지의 여성들을 생각하니, 정신이 아득해진다. 그들은 ADHD 증상으로 인해 주변 사람들은 물론 자신에게조차 이해받지 못한 채 살아가고 있을 테니 말이다.

나는 정말 궁금했다. 뒤늦게 진단을 받은 다른 사람들은 어떻게 삶을 견뎌왔는지, 지금은 어떻게 견디고 있는지를 말이다. 자신의 병에 대해 빨리 진단을 받고 대응한 사람들의 삶은 어떻게 달라졌는지, 다들 무슨 약을 먹는지, 일상을 영위하기 위해 어떤 전략을 썼으며 무엇이 가장 효과적이었는지를 알고 싶었다. 자기 삶을 스스로 책임지기 위해 노력하면서 홀로 터득한

독특하고 새로운 방법도 함께 나누고 싶었고, ADHD 증상에 대해 시원하게 터놓으며 후련해지고 싶었다. 앞으로도 끌어안고 살아가야 할 이 병을 생각하며 한바탕 서럽게 울다가도 '그래도 어쩌겠나' 웃어 넘기며 툭툭 털고 일어나고 싶었다. 다른 ADHD 여성들과 함께 나아가고 싶었다.

절망은 일렀다. 앞서 언급한 두 연구자들처럼, 여성들의 안녕과 더 나은 삶을 위해 오래도록 애써온 사람들이 있으니까. 그들은 더 많은 경제적 지원과 학계의 인정을 받을 수 있는 연구 주제들을 뒤로하고, 더 적은 환대와 무관심이 기다리고 있는 여성의 정신건강 문제를 다루기로 결정했다. 덕분에 '교실에서 말썽을 일으키는 열 살짜리 남자아이'를 떠올리게 하는 ADHD 증상이나 청소년기·성인기 예후에 대한 설명이 아닌, 나와 같은 여성 그리고 성인 환자가 공감할 수 있고 도움받을 수 있는 이야기가 조금씩 나오고 있다. ADHD 연구가 여성 환자들을 향해 한 발짝 한 발짝 나아가고 있다.

이제 나는 여성에게서 ADHD가 주로 어떤 증상으로 발현되는지 안다. ADHD 여성에게 어떤 특징이 있으며, 이는 우리가 기존에 알고 있던 것과는 어떻게 다른지, ADHD가 일상생활에 미치는 영향에는 어떤 것들이 있는지, 그에 대한 효과적인 대처 방법이 있는지, 여기서 더 나아가 이미 사회경제적 기반이 고정된 환경에 있는 환자는 증상 완화를 위해 어떤 치료를 거쳐야 하는지를 안다. 그러나 ADHD로 괴로워하는 많은 여성은 이 사실을 알지 못한다. 그래서 나는 ADHD에 대해, 나와 당신에 대해 이야기하기로 했다. 우리가 경험한 것들을 공유하고 논의를 확장해나간다면, 지난날 겪은 소외와 혼란을 위로받을 수 있을 것이다.

여성 ADHD의 문이 열렸다. 우리에게는 새로운 장(field)에 함께 걸어 들어가는 일만 남았다.

ADHD 진단에서 여성은 배제되어왔다

ADHD는 개인에게서 두드러지게 나타나는 양상에 따라 세 가지 하위 유형으로 구분된다. 과잉행동/충동 우세형, 부주의 우세형 그리고 이 두 유형의 증상을 모두 충족하는 복합형이다. 남성 ADHD 환자의 경우 과잉행동과 충동성 증상이 두드러지는 과잉행동/충동 우세형이 주로 나타난다. 신체적으로 활동적이고 반항적인 모습이 대표적이다. 이에 비해 ADHD 여성 환자는 부주의 증상이 지배적이다. 조직화와 구조화에 어려움을 겪으며, 겉으로는 말 없는 조용한 성격처럼 보이지만 머릿속은 여러 생각으로 산만한 증상이 특징이다. 오랫동안 한자리에 앉아 공상에 빠지거나 수업시간 내내 낙서를 끄적이는 증상을 보이는 여자아이가 있다면 주의 깊게 살펴야 한다.

그런데 시작부터 이상하다. 도대체 여성 ADHD라는 게 뭘까? ADHD면 ADHD이지, 남성 ADHD와 여성 ADHD가 따로 존재한다는 말인가? 기본적으로 ADHD는 성별에 관계없이 동일한 병인을 공유한다. 그뿐만 아니라 증상에서도 젠더 편향적인 장애가 결코 아니다. 진단이나 심리 평가, 치료를 진행하는 과정에서도 ADHD 앞에 따로 남성, 여성을 구분 짓는 일은 없다. 오히려 ADHD 증상 유형은 성별 차이보다 개인차가 훨씬 크고 다양하다. 연령이 증가함에 따라, 또는 환경이나 상황, 스트레스 정도 등에 따라 증상의 유형이나 심각도에 차이를 보이기도 한다. 그럼에도 여성 ADHD를 기존 ADHD와 구분해 설명하는 이유는 무엇일까?

우리는 이미 주변에서 이런 경우를 수도 없이 보아왔다. '학교'가 있는데 '여학교'가 새로 설립된 이유, '인간주의'가 아니라 '여성주의'가 생겨난 이유는 'ADHD'가 아니라 '여성 ADHD'에 집중하도록 만든 이유와 같다. 오래 이어져온 '여자'와 'ADHD'에 대한, 또는 '여자'이면서 'ADHD'가 있는 사람에 대한 오해와 편견 때문이다. 그동안 ADHD는 과잉행동/충동 우세형의 증상이 주로 알려져 왔다. 환자군 또한 남자아이와 남성으로 인식되었고 관련 연구마저 그들을 주 대상으로 진행되었다. 부주의 우세형 증상을 보이는 여성은 ADHD 진단에서 배제되거나 다른 질병으로 오진을 받아왔다. 심지어 과잉행동/충동 우세형의 증상을 보이더라도 남성이 아니라는 이유로 여성은 ADHD와 관계없는 것으로 여겨질 가능성이 높았다.

어쩌다 이런 상황에 이르게 되었는지 뒤이어 알아보겠지만 결과적으로 이런 고정관념 때문에 오늘날까지 많은 여자아이가 ADHD 진단에서 소외되어왔다. 2002년 미국에서 진행된 한 연구에 따르면 정신과에 의뢰된 ADHD 아동의 성비는 남자아이 10명당 여자아이 1명 수준으로 성차가 극명했다. 반면 일반 지역사회의 아동을 대상으로 조사한 결과 남자아이 3명당 여자아이 1명으로 성차가 현저히 적었다.[3] ADHD 증상을 보임에도 불구하고 정신과 의뢰를 받지 못하는 여자아이의 수가 많다는 뜻이다. 이러한 성비 차이는 진단받지 못한 ADHD 여자아이들의 존재를 입증한다.

증거는 또 있다. 소아·청소년기에 진단받지 못한 여성들이 성인이 되면서 스스로 정신과를 찾았고, 그 결과 성인 ADHD에서는 성차가 감소하면서 거의 비슷한 성비를 이룬 것이다. 만 4~18세의 ADHD 치료제 복용률을 살펴보면, 남성은 7.8퍼센트이나 여성은 3.5퍼센트로 두 배 이상의 성차가 존재했다. 그러나 만 19~23세에서는 남성과 여성 모두 4~5퍼센트의 수치를 보이며 진단과 치료에서의 성차가 거의 없었다. 늦게나마 ADHD를 진단, 치료를 받는 여성의 수가 증가하면서 남성 환자의 수를 따라잡은 것이다.[4]

그동안 ADHD 여성 환자의 증상은 가정에서는 물론 학교에서도 무시되었으며, 의학 전문가들조차 스트레스, 불안, 우울 등의 문제로 자주 오진해왔다. 만약 남성과 여성 모두 ADHD 진단을 받을 기회가 평등하게 주어져왔다면, 지금처럼 성별을 구분하여 장애를 설명할 필요는 없었을 것이다.

ADHD 증상으로 인한 어려움을 줄이려면 가능한 한 빠른 진단과 치료를 받는 것이 좋다. ADHD 치료제는 비교적 안전한 약물인 데다, 약물치료를 진행한 환자의 대다수가 증상이 감소되었음이 확실히 입증된 바 있다. 그러니 여성 ADHD에 대한 연구와 정보가 충분히 공유되지 못했다는 이유로 진단을 받지 못하는 사람이 생긴다는 건 억울한 일이다. 일부 심리학·정신의학계 연구자들이 여성에게 지배적으로 관찰되는 ADHD 증상의 특징을 강조하는 이유가 바로 여기에 있다. 그동안 ADHD 연구는 남성을 주 대상으로 이루어져왔기에 ADHD에 대한 기존의 질병 정보와 연구 결과를 '남성 ADHD'와 관련한 것으로 이해해도 큰 무리가 없지 않을까?

임상 현장에서는 'DSM Diagnostic and Statistical Manual of Mental Disorders 진단 기준'을 사용해 ADHD를 진단한다. 미국정신의학협회에서 출판하는 《DSM》은 1952년에 창간되었으며, 여섯 차례의 개정을 거쳐 2013년에 《DSM-5》까지 출간되었다.(최신의 개정판은 2013년에 출간된 《DSM-5》다. 이전까지 로마자로 버전을 표기하던 것과 달리 아라비아숫자 5를 사용하고 있다. 이는 이후의 개정을 활발히 하겠다는 미국정신의학회의 의지를 담고 있다.) DSM은 미국에서 사용되는 정신건강을 위한 공식적인 진단 지침이며, 정신건강 서비스를 제공하게 될 국내 전문가들이 교과과정에서 배우는 이상심리 분류의 기초가 되고 있다. 정신과를 내원하게 되면, 초기 선별을 위해 DSM 진단 기준에 해당하는 증상을 환자 또는 보호자가 진단 기준 및 관련 설문지에 직접 체크하거나 면담을 통해 이를 확인하는 과정을 거친다.

DSM-5의 진단 기준에 따르면, ADHD는 증상의 유형에 따라 과잉행동/충동 우세형, 부주의 우세형, 복합형으로 나뉜다.(과잉행동/충동 우세형은 지난 6개월 동안 과잉행동/충동성 증상은 충족하지만, 부주의 증상은 충족하지 않는다. 부주의 우세형은 지난 6개월 동안 부주의 증상은 충족하지만, 과잉행동/충동성 증상은 충족하지 않는다. 복합형은 지난 6개월 동안 부주의 증상과 과잉행동/충동성 증상을 모두 충족한다.) ADHD는 남성 환자의 경우 전형적으로 과잉행동/충동이 우세한 것과 대조적으로, 여성 환자는 부주의 우세형이 많다. 물론 여성 환자 모두가 이러한 특성을 공유하는 것은 아니다. 남성 환자 또한 부주의 우세형과 유사한 증상을 보유할 수 있다. 개인의 증상은 저마다의 특성이 있다. 다만 전반적인 경향성을 살펴보았을 때 여성은 비교적 조용한 방식으로 ADHD를 경험한다. 연구자들은 이런 여성들의 ADHD를 '조용한 ADHD', '숨겨진 장애'로 명명했다. '조용한 ADHD'라고 불리는 부주의형을 겪는 사람들은 우리 주위에 어떤 모습으로 존재할까? 증상을 살펴보면 병을 이해하는 데 도움이 될 것이다.

주로 부주의형 증상이 두드러지는 '조용한 ADHD' 환자들은 주의를 '유지'하는 것을 어려워한다. 한 가지 목표나 대상에 주의를 '지속적으로' 기울이는 걸 못 견딘다. 좀이 쑤셔 하는 사람처럼 안절부절못한다. 어떤 사물이나 상황에 재미를 느끼더라도 관심은 그리 오래가지 못한다. 흥미도 쉽게 사그라든다. 자극적이고 좋아하는 주제라면 그나마 좀 더 오래 주의를 기울일 수 있지만, 원치 않는 과제를 처리하는 일에는 영 집중하지 못한다.

또한 정신적인 에너지가 요구되거나 복잡한 일이 과제로 주어질 경우, 그 시작을 지연시킨다. 게다가 매우 느린 속도로 일을 처리한다. 일의 우선순위를 정하고 주의를 '선택적'으로 기울이는 일도 어려워한다. 문서 작업을 끝내야 하는데, 책상 위에 올려놓은 일기장이 시야에 들어오면 작업은 뒷전이 된다. 일기장부터 뒤적이기 때문이다. 당장 해야 할 일과는 관계없는 자극에 쉽게 주의가 분산된다. 남들은 흘려들을 사소한 소음에 신경을 쓴다. 모르는 사람들이 그의 주변에서 대화하고 있다면, 의도하거나 원하지 않아도 어느새 그들의 말에 집중한다. 주위를 둘러싼 여러 방해 요소를 차단하는 것이야말로 주의력의 중대한 임무이지만, 부주의형 환자들은 그 능력을 쉽게 발휘하지 못한다.

부주의형 증상은 사회생활에도 많은 영향을 미친다. 부주의형 환자들은 친구가 전해준 중요한 소식이나 상사의 업무 지시를 정확히 기억하지 못한다. 다른 자극에 쉽게 신경을 빼앗기기에 정보들이 머릿속에 저장되지 않는다. 심지어 주변에 방해 요인이 존재하지 않을 때도 주의력은 간섭을 받는다. 다른 이들과의 대화에 주의를 기울이지 못하고 혼자만의 공상에 잠기는 것도 그 때문이다. 그들은 머릿속에 갑자기 떠오른 생각에 마음을 빼앗기고, 생각의 꼬리에 꼬리를 물며 자기만의 세계에 빠져든다.

주의를 '전환'하는 데에도 문제가 있다. 어떤 일에 몰두하고 있는데 동료가 급히 해결해야 할 업무를 전달한 상황을 상상해보자. 지금 하던 일에서 즉각적으로 주의를 거두고 새로운 업무에 몰두해야 하지만, 부주의형은 그러기가 어렵다. 동시에 둘 이상의 대상에 주의를 기울이는 것에도 어려움을 겪는다. 계획적으로 주의를 분배하고 조절하는 능력이 부족하기 때문이다. 그들에게 닥친 복잡한 상황은 곧 해결책 없는 혼란스러움이나 마찬가지다. 눈앞에 놓인 정보들 중 무엇이 중요하고 무엇이 덜 중요한지, 어떤 정보가 내게 필요하고 불필요한지, 혹은 어떤 일부터 먼저 처리해야 하는지 구분하지 못한다. 구조화에 심한 어려움을 겪는다.

'누구나 그런 면이 있지 않아?'라고 생각할 수 있다. 하지만 부주의형의 경우에는 증상의 심각도와 빈도가 높아 일반 사람들과 구별된다.

부주의형 증상은 환자가 여자아이일 경우에 더 많이 발견된다. 자주 멍하게 있고, 수업 중에도 졸거나, 깨어 있어도 선생님의 말에 집중하지 못한다. 수업 내용을 필기하는 줄 알았더니 낙서를 하고 있거나, 집중하고 있는 줄 알았더니 책상 밑에서 손과 발을 계속 꼼지락거린다. 선생님이나 친구들의 말에 귀를 기울이지 못해서 같은 이야기를 여러 번 들려주어야 한다. 자주 준비물을 챙겨오지 못하고, 숙제가 있다는 사실조차 잊어버린다. 덜렁거리는 아이처럼 보인다. 종종 세심함이 부족하다고 여겨지기도 한다. 단짝이 입고 온 새 옷을 알아차리지 못한다거나, 기념일을 잊어버려 친구들을 실망시킬 수 있다. 대화가 한창 무르익어가는 중에도 수시로 주제를 바꿔버리거나, 말을 너무 많이 하는 바람에 자기중심적이라는 평가를 받기도 한다. 이따금 상황에 어울리지 않거나 타인에게 불쾌감을 주는 말을 해 다른 사람들을 불편하게 만들 수 있다. 자신의 말이 어떤 영향을 주는

지에 대해 생각하지 않고 무심코 말을 뱉어버리기 때문이다. 과도하게 예민하기도 하다. 지나치게 감정적으로 반응하거나, 흥분을 잘하고 기분이 수시로 바뀐다.

부주의형 증상들을 살펴보니 어떠한가? 이런 증상을 겪는 여자아이가 주변에 있다면 알아볼 수 있겠는가? 쉽게 대답하기 어려울 것이다. 부모와 교사 또한 아이의 증상을 단순히 미성숙함이나 성격의 문제로 간과하기 쉽다. 주변 어른들의 기대에 부응해야 한다는 동기가 높은 여자아이들의 경우는 자신의 증상을 감추기 위한 노력을 기울이기에 주변 사람들로부터 병을 의심받기가 더 어렵다.

어떤 이들은 부주의형 증상들을 살펴보며, 내가 그랬던 것처럼 '아!' 외마디 감탄사를 외치고 충격에 빠졌을지도 모른다. 일상적인 나의 태도가 게으르거나 어리석어서가 아니라 증상임을 깨달았을 테니까. 다른 사람들은 충분히 해낼 수 있는 일이 왜 자신에게만 어렵게 느껴지는지, 남들은 다 해내는 일상의 일들에 왜 자신만 압도당하고 있었는지 이제 알았을 것이다. 그 전까지 그들은 부주의형 증상에 대처하며 하루를 보내느라 진이 빠진 나머지, 다른 무언가를 해볼 만한 여력이 없었다. 그 때문에 힘들어하거나 자책하고 우울했을 것이다. 하지만 문제 행동의 주원인이 ADHD 때문이라는 걸 알면 상황은 달라진다. 후련함과 즐거움을, 더 나아가 통쾌함까지 느끼게 될 것이다. 성인 여성의 경우라면 특히 더 그럴 테다.

일단 병을 진단받고 나면, 다양한 치료 방법이 있으며 자기 상황에 맞는 걸 선택할 수 있다는 사실을 알게 된다. 증상 감별사처럼 무엇이 진짜 나의 행동이고 무엇이 부주의형 증상인지 살펴보며 약간의 재미를 느낄 수도 있다. 어쨌든 많은 이들이 그동안 자신이 왜 그렇게 행동했는지, 왜 다른 사람들과 다르다고 느껴왔는지에 대해 고민하고 스스로를 이해하면서 이전과는 다른 정체성을 형성하게 된다. 과거의 실수들을 떠올리며 죄책감이나 수치심, 자신을 향한 분노와 원망을 내려놓을 수도 있다. 이제 스스로를 이해하고, 앞으로 맞이할 미래에는 어떤 일에도 잘 대처할 수 있겠다는 자신감이 생길 것이다. 지금껏 잘 대처해온 자신을 앞으로 더 잘 대해주어야겠다고 결심할지도 모른다. 이전에 없던 용기를 얻는 것이다.

물론 이 모든 것은 적절한 진단 없이 이루어질 수 없다. 그러니 자기 행동의 원인을 모르고 산다는 건 얼마나 불공평한 일인가? 건강한 정신을 회복하는 과정은 증상을 명명하는 일에서 출발한다. 내게 벌어지는 일들에 이름을 붙이는 순간, 치료는 시작된다. '차라리 병명을 영영 모른 채 살았다면 좋았을걸' 하는 생각이 드는 날도 올 것이다. 두려움과 막막함에 자신의 상태를 객관적인 수준에서 점검하지 않기로 결정할 수도 있다. 그러나 이는 다른 사람들의 편견이나 고정관념, 정보의 불균형 따위가 아닌 어디까지나 자의에 의한 것이어야 한다.

여성 ADHD는 어떻게 발견되었나

정신의학계에서 ADHD가 하나의 임상 증상으로서 기록된 것은 1902년의 일이었다.[5] 이후 1960년대에 뇌 과학 분야가 폭발적인 발전을 보이면서 ADHD 영역에도 눈에 띌 만한 변화가 있었다. ADHD가 '경미한 두뇌 손상', '미세 뇌 기능장애'로 불리던 시기다. 당시 정신의학계 연구자들은 ADHD와 관련해서 과잉행동 문제가 알아차리기 가장 쉬운 증상일 뿐, 유일한 핵심 증상은 아니라는 사실을 몰랐다. 그 후 20년간 ADHD 연구는 관찰과 측정이 용이한 과잉행동 문제만을 타깃으로 삼아 남자아이들을 대상으로 논의를 이어나갔고, 대중매체에서도

ADHD 환자를 남자아이에 한정해 이슈화되었다.

'미세 뇌 기능장애'는 1980년 출간된 《DSM-Ⅲ》에서 'ADDAttention-Deficit Disorder'라는 새로운 이름을 얻었고, '과잉행동성을 동반한 ADD', '과잉행동성을 동반하지 않는 ADD'로 구분 지었다. 과잉행동 경향이 없는 아동도 충동 조절, 주의력, 각성과 관련된 문제가 있다는 사실이 알려졌다. ADHD 분야에 다시 찾아온 혁신의 결과였다. 이 변화는 그동안 질병 대상에서 소외되어온 여자아이들이 ADHD로 진단될 가능성에 조금이나마 문을 열어주는 계기가 되었다. 1987년 《DSM-Ⅲ-R》에서 ADHD라는 명칭이 처음으로 등장했고, 1994년에 출간된 《DSM-Ⅳ》에서 마침내 ADHD를 지금과 동일한 세 가지 하위 유형인 과잉행동/충동형, 부주의형, 복합형으로 구분했다. 1980년대 후반부터 1990년대 초 성인 ADHD에 대한 이해가 높아졌다. 1994년 미국정신의학협회는 성인 ADHD 진단 범주를 DSM에 공식적으로 포함시켰다.

이 가운데 피터 콘래드Peter Conrad는 여자아이에 비해 남자아이에게서 과잉행동이 흔하다는 사실을 세 차례의 연구에서 발견했다.(ADHD 성차에 관한 이러한 초기 연구는 1975~1977년까지 매년 발표되었다.) 그는 이 결과에 대해 "과잉행동은 남자아이들에게 사회적으로 허용되고 요구되는 성격의 극단적인 형태인가?"라는 질문을 던지기도 했다.[6] 이후 1985년 코리 베리Corrie Berry 외 여러 연구자는 ADHD 유병률에서의 성차를 다시금 확인했다. 진단 기준에서 과잉행동을 강조하는 바람에 부주의형 ADHD 여성을 과소 진단하고 '조용한 소수자'로 만들 수 있음을 언급하기도 했다.[7]

한편 성인 ADHD 증상에 대한 이해가 폭발적으로 증가한 데에는 미국의 ADHD 전문가이자 정신과 의사인 에드워드 할로웰Edward Hallowell의 역할이 컸다. 그는 1981년 전문의 자격증 취득 후 전임의 과정을 밟던 펠로우 1년 차에 ADD(지금의 ADHD) 강의를 들었다. 당시만 해도 ADD 자체가 잘 알려지지 않았던 데다가, ADD 아동 환자의 경우 성장기에 뇌가 성장하면서 성인이 되면 자연스레 ADD 문제도 호전된다고 믿던 시절이다. 물론 그도 그렇게 알고 있었다. 하지만 ADD에 대한 설명을 듣는 내내 그는 입을 다물 수 없을 정도의 놀라움을 느꼈다. 비로소 자신이 왜 틀에서 벗어난 생각을 하는지, 왜 자신의 문제 해결 방식은 남들과 다른지, 왜 자주 인내심을 잃는지, 왜 속단하며 이상한 유머 감각을 가졌는지 그동안은 이해할 수 없었던 이유를 깨달았기 때문이다.

에드워드 할로웰은 그 후 14년을 성인 ADHD 문제에 매달렸고, ADHD 아동의 3분의 2는 그 증상이 성인기까지 지속되며 그중 대부분은 지속적인 치료를 필요로 하는 잔여 문제를 겪는다는 사실을 확인했다.[8] 1995년 이러한 연구 결과를 담은 책 《집중하지 못하는 사람들Driven to Distraction》을 출간했다. 이 책은 당시 200만 부 이상 팔리며 대중이 성인 ADHD에 대해 인식하는 데 큰 영향을 끼쳤다. 이후 미국에 성인 ADHD를 위한 정신병원과 심리센터 등이 들어서기 시작했다.

무엇보다 이로 인한 큰 변화는 여성 환자들이 제 발로 병원을 찾아오기 시작했다는 점이다. 아동기에 ADHD를 진단받지 못한 채 자란 여성들은 평생 자신의 삶을 고통 속에 몰아넣은 원인이 무엇인지 알기 위해, 나아가 치료법이 있는지 묻고자 했다. 그제야 정신의학계 전반에서 여성 ADHD를 주목하기 시작했다.

1990년대 중반 여성 ADHD 유병률이 증가했으며, 이를 통해 여성들이 ADHD와 관련해 얼마나 부당한 위치에 처해왔는가가 명확해졌다. 2000년대 초반에는 여러 언론에서 여자아이와 성인 여성의 ADHD에 관해 보도했다. 또한 관련 전문가를 대상으로 한 인터뷰가 쏟아지면서 뜨거운 이슈가 되었다. 그 결과 2000년대 초 남성과 여성 환자의 전 연령대에서 ADHD 치료 비율이 증가했다. 특히 여성 환자의 ADHD 치료제 사용률이 급격하게 증가했다.[9] 덕분에 ADHD 과잉행동/충동형 외에 부주의형, 복합형에 대한 관심은 물론, 젠더에 따라 다르게 발현되는 증상, ADHD 여성 환자의 증상과 과소 진단받는 현실 등에 대한 이해가 필요하다는 의식도 높아졌다.[10]

상황은 계속 나아지고 있지만, 아직도 갈 길이 멀다. 젠더는 여전히 가난, 농촌 생활rural living, 의료보험의 유무보다도 ADHD 치료에 대한 접근을 어렵게 만드는 커다란 장벽으로 확인되었다.[11] 여성이 정확한 진단을 받는 게 누군가에게 해를 미치는 일도 아닐 텐데 무엇이 이토록 끈질기게 우리의 발목을 잡고 있는 걸까? ADHD를 주제로 연구 성과를 내면 병원에도 좋고, 제약업체와 보험회사에도 수익이 돌아가고, 환자들은 고통을 덜고…… 일석사조, 아니 일석다조가 아닌가! ADHD 환자들이 잘 먹고 잘 살수록 경제 또한 잘 돌아갈 것이다. 교도소 수감자 중 치료받지 못한 ADHD 환자가 많다고 한다. 수감자를 대상으로 한 검사에 따르면, ADHD가 의심되는 30명의 수감자 중 단 두 명만이 이전에 ADHD 진단 및 치료를 받은 경험이 있었다.[12] 젠더와 특정 유형을 한정 짓지 않은 ADHD 연구는 사회

질서 유지에도 좋지 않을까? ADHD 환자가 다른 이들과 함께 어우러져 지내면 온 지구가 행복해질 수 있을 텐데, 대체 왜 무엇이 이토록 ADHD를 여성에게서 멀리 떨어뜨려놓은 것일까?

- 질병의 특성
- 진단 기준과 진단 도구의 문제
- 공병
- 진료실 안에서 발생하는 문제

3장

진료실에 여자아이와 여성은 없었다

ADHD는 신경발달장애로, 초기 발달 단계인 학령 전기에 발현되기 시작된다.(많은 부모가 걸음마기에 처음으로 자녀의 과도한 운동 활동을 관찰한다.) 또한 평생에 걸쳐 증상이 지속되는 만성적인 경과를 보인다. 한 연구에 따르면 ADHD 아동 환자 중 최대 3분의 2는 성인기까지 증상이 계속되나,[1] 발병 초기에 증상을 발견하면 치료를 통한 병의 증세 완화를 기대할 수 있다. 현재까지 ADHD 발병 원인은 명확하게 밝혀지지 않았다. 다만 다양한 유전적·신경학적 원인이 복합적으로 작용해 발병하는 것으로 논의되고 있다.

성차에 따른 ADHD 유병률의 이유 또한 불명확한 상황이다. 대부분의 정신장애는 생물학적·심리학적·사회문화적 요인의 상호작용을 통한 복합적인 영향으로 발생하므로 이에 대해 답하는 것은 쉽지 않다.[2] 그렇다 하더라도 이러한 논의를 지연할 필요는 없다. 정신장애를 진단하는 데 성별에 따른 발병률의 차이는 오랜 이슈 가운데 하나이기 때문이다. 우리는 여성이 ADHD 진단에서 지속적으로 배제되어온 원인을 보다 폭넓게 살펴볼 필요가 있다. ADHD라는 질병의 역사와 특성에서부터 진단 기준과 도구의 문제, 진단 현장에서의 장애물, 사회적 편견, 매체에서 질병을 다룰 때의 문제, 심리학과 정신의학에서 성차를 다루는 방식과 여성 혐오 문제 등에 이르기까지 말이다.

많은 분야에서 성차를 바탕으로 여러 논의가 진행되어왔다. 물론 성차를 지나치게 강조하는 일은 지양해야 한다. 과도한 성차의 강조는 그 차이를 빚어내는 구조적 변인을 간과하게 만든다. 그 복잡성을 제대로 설명하려는 시도를 저해하고 불균형한 의무·권리·역할의 차별을 정당화하는 근거가 될 뿐이다. 다만 오랫동안 심리학과 정신의학에서는 여성과 남성의 차이를 무시하고, 여성의 특성을 최소화하며, 남성에게서 발견한 특성을 일반화하여 여성의 경험과 행동을 설명하려는 경향이 있었다. 이러한 태도는 여성의 삶에 대한 질문을 멈추고 여성을 이해할 수 있는 중대한 정보들에 공백을 남겼다.

ADHD도 마찬가지다. 남성 환자의 ADHD 특성을 일반화하고, 이를 여성 환자에게 적용하려고 시도해온 것이다. 이러한 시도가 어떤 결과를 야기했는가? 여성들의 증상은 무엇으로도 설명되지도 발견되지도 못했고, 진단에서 배제되었다.

3장과 4장에 걸쳐 여성의 ADHD 증상이 발견되지 못한 이유, 조용한 증상으로 주로 나타난 이유, 여성이 ADHD 진단에서 배제된 이유에 대해 이야기하고자 한다. 3장에서는 진료실 안에서 발생하는 문제를 주로 다룬다. 질병의 특성부터 이를 진단하는 기준과 도구에서의 문제, ADHD와 공병하는 정신장애와 정신건강 전문가의 편견이 어떻게 여자아이와 여성을 ADHD 진단에서 소외시키는지 살펴본다.

지금부터 내가 제시할 의심, 궁금증, 질문 들은 누군가의 비웃음을 살 만한 엉뚱한 가설로 받아들여질지도 모른다. 피해의식으로 점철된 편집증 환자라는 딱지가 앞으로 나를 따라다닐 수도 있다. 그래도 나는 해피엔딩으로 받아들이겠다. 내가 틀렸다는 사실이 밝혀진 미래라면, 최소한 여성 ADHD에 대한 논의가 지금보다 훨씬 더 활발해진 것일 테니 말이다.

조용하고 눈에 잘 띄지 않음

여성 환자에서 흔히 발병되는 ADHD 부주의형은 '조용한 ADHD'라고도 불리는데, 그 이름 자체만으로도 진단에서 누락되기 쉬운 이유를 유추할 수 있다. 증상이 겉으로 잘 드러나지 않으므로 문제로 여겨지기가 어렵다는 것이다.

2002년 조지프 비더맨Joseph Biederman 외 여러 연구자는 280명의 ADHD 환자를 대상으로 한 연구를 진행했다. 연구자들은 여성이 남성에 비해 부주의형에 해당하는 비율이 2.2배 더 높다는 사실을 근거로, 증상 표현의 차이가 여성들의 과소 진단을 설명한다고 밝혔다. 다른 연구들 또한 ADHD 여성 환자가 남성 환자에 비해 파괴적이거나 공격적이지 않다는 점을 성차에 따른 유병률의 원인으로 설명했다.[3] 부주의형 여성 환자는 체계적이지 못하고, 물건을 잘 잃어버리고, 공상에 잠기는 증상을 보이는데, 주변의 이목을 끌기에 충분치 않으니 그만큼 간과되기 쉽다는 것이다.[4] 하지만 단지 그것만으로 성별에 따른 ADHD 유병률의 차이를 완전히 설명하지 못한다는 비판도 있었다. 후에 이를 증명하듯 남성 환자와 정확히 같은 증상을 보이는 여성 환자도 과소 진단 또는 오진을 받은 사실이 밝혀지기도 했다.

기질과 성격의 문제라는 오해

ADHD 부주의 증상과 비슷한 문제로 심리실을 찾아오는 여자아이들이 있다. 우리가 흔히 아는 우울장애의 경우가 바로 그것이다. 우울장애는 무기력과 흥미 저하로 ADHD 부주의형처럼 눈에 띄지 않는 증상을 보이는 일이 많다. 들었던 이야기를 기억하지 못하고, 손을 가만두지 못하고, 초조해하고, 다른 생각에 빠져 눈앞의 일에 집중하지 못하는 증상을 보인다.

이들은 어떻게 보호자 손에 이끌려 병원에 올 수 있게 되었을까? '변화' 때문이다. 우울하기 전과 후는 확실히 다르다. 앞서 이야기했듯 ADHD는 신경발달장애이므로 초기 발달 단계부터 만성적인 경과를 보인다. 반면 우울장애와 같은 기분장애는 상대적으로 일시적인 장애에 속하므로, 증상 이전과 이후를 기점으로 '변화'가 발견되는 편이다. '이전에 비해' 초조해 보이고, 집중 시간이 짧아지고, 기억력의 저하를 보인다. 그렇기에 이들의 증상은 주변으로부터 감지되기 쉽다. 이런 경우 우울감이나 불안 또는 신경학적 문제를 발견하고, 호전을 도울 수 있다.

만약 ADHD가 유아기 때부터 발현되는 신경발달장애

가 아니었다면 이야기는 달라졌을 것이다. 증상이 어릴 때부터 발현되기 시작해 성장 과정 내내 별다른 기복 없이 표출되는 병이기에 보호자조차 ADHD 환자의 특정 행동이 손상에서 비롯된 '증상'인지, 고유한 '특성'인지 구분하기 어렵다. 아니, 구분을 시도하는 일조차 어렵다. 그럴 만한 계기가 없기 때문이다. ADHD 같은 신경발달장애는 개인에 따라 증상이나 심각도에 기복이 있지만, 현저한 정도가 아니면 변화를 알아채기 어렵다. 그 결과, 주위 사람들은 아이의 남다름을 기질이나 성격의 문제로 여기며, 그가 겪고 있을 어려움을 이해하려는 시도나 도울 수 있는 방법에 대해 고민할 기회를 차단해버린다. 이렇게 여성은 ADHD 증상으로 너무 어린 나이에 진단에서 멀어진다.

손상을 감추기 위한 분투

여성의 경우 ADHD 증상이 잘 포착되지 않는 또 다른 이유가 있다. 바로 그들의 분투다. 사회가 여성에게 기대하고 요구하는 상은 여자아이와 여성이 증상을 감추는 데 전념하게 한다. 다른 사람들에게 증상을 들키지 않기 위해, 사회의 기준에 미흡한 자신의 모습을 숨기기 위해 분투하는 것이다. 이러한 분투로 여자아이와 여성은 정상 범주에 속하는 모습을 유지하는

데 성공하기도 한다. '보통' 사람들처럼 말이다.

여기서 우리는 ADHD를 가진 여자아이와 여성이 정상에 포함되는 일에 상당한 노력과 비용을 필요로 한다는 점을 눈여겨보아야 한다. 성장기부터 시작되는 이들의 분투는 자신의 증상을 숨기는 것을 넘어 보다 나은 대처 전략을 강구하며 주의 깊게 살펴볼 만한 성과를 내기도 한다. 그러나 좋은 학업 성적과 같은 결과는 이들의 문제를 더 눈에 띄지 않게 만든다. 심지어 ADHD 여자아이들은 ADHD 남자아이들에 비해 지능에서 더 많은 손상이 발견되었음에도 불구하고 성취도에서는 동일한 성과를 보였다는 연구 결과도 있다.[5] 이러한 상황으로 인해, 전문가들은 공부를 잘한다는 이유로 ADHD 가능성을 배제해서는 안 된다는 주의사항을 새롭게 강조하기도 했다. ADHD 여자아이들이 얼마나 노력해왔는지 잘 드러나는 지점이다. 또한 이들이 남들보다 더 많이 분투해야 하는 스스로에게 무능감을 느낀다는 점도 문제다.[6]

나이를 먹으면서 주변의 기대와 요구는 필연적으로 복잡해지고, 애써 꽁꽁 감춰왔던 증상들은 허무하게 드러나고 만다. ADHD와 오래 다투어본 여성이라면 고개를 격하게 끄덕일 것이 분명하다. '괜찮아 보이기'까지 얼마나 많은 시행착오와 서러움이 필요한지 자기 경험을 통해 깊이 공감할 수 있기 때문이다.(ADHD 여성 환자에게서 '완벽주의' 경향을 확인하는 경우도 드물지 않다. 업무에서 잦은 실수와 느린 일처리 속도로 어려움을 겪기 때문에, 결과물에 대해 과도하게 걱정하며 강박적으로 대처함으로써 혹시 모를 문제를 예방하려 하는 것이다.)[7]

남자아이에 비해 발견 가능성이 낮음

한편, 증상이 겉으로 표현되는 방식으로 발현되는 경우가 많은 남자아이의 경우는 어떨까? 과잉행동이나 충동성 증상이 있는 아이들 역시 '조용한 ADHD' 아이들과 마찬가지로 '원래 그런' 아이로 여겨진다는 점에서는 큰 차이가 없다. 세 살부터 어른들의 말을 안 듣고 산만하던 아이가 '까불까불 말썽꾸러기 아홉 살'이 된 건 놀라운 일이 아니니까 말이다. 다만 이런 아이들은 가정에서 보호자와 양육자를, 학교나 학원에서 선생님을 난처하고 당황스럽게 만들었을 것이다. 다른 아이들을 괴롭히고 위험하거나 돌발적 행동을 하고 수업을 방해했을 것이다. 이 경우 어른들은 지속적으로 상황에 개입할 수밖에 없다.

어른들은 아이를 점점 더 귀찮아하고 점점 더 겁을 낼 가능성이 높다. '우리 애의 이런 성격이 더 심해지면 어쩌지? 나이를 먹으면서 더 큰 일에 휘말리면 어쩌지?' 이런 과잉행동이나 충동성을 아이의 일부 성향으로 여겨왔음에도 이런 걱정은 날이 갈수록 많아질 것이다. 아이의 문제는 부모와 교사에게도 하루빨리 해결책을 모색해야 하는 과제가 된다. 그리고 그 과정에서 그동안 무심코 넘겼던 증상들을 새삼 인지한다. ADHD를 직감하거나, 적어도 그와 관련한 정보를 얻게 된다. 남자아이의 행동 문제는 전문가가 아니더라도 ADHD를 쉽게 떠올릴 수 있을 만큼 잘 알려져 있으므로, 과정이 어떻든지 간에 이 아이들은 머지않아 전문가를 만나게 될 것이다. 남자아이들이 증상 개선에 필요한 의료적 도움을 받고 변화할 수 있는 기회를 얻을 가능성은 자연히 높아진다. 여자아이들이 자신의 문제가 무엇인지 알지 못한 채 혼자 부딪히는 동안에도 말이다.

진단 기준과 진단 도구의 문제

진단 기준

DSM은 정신장애를 규정하고 진단하기 위한 편람이다. 지금까지 출판된 정신장애 및 정신병리의 진단 관련 기준들 중 가장 정교하고 광범위해서 대부분의 국가에서 공식적으로 사용되고 있다(현재는 2013년 버전인 'DSM-5'가 쓰이고 있다). 정신의학의 역사와 권위를 확인할 수 있음에도 불구하고, DSM은 젠더 편향적이라는 비판을 받아왔다.[8] 특히 의존성이나 히스테리성 성격장애 등 몇몇 성격장애의 진단 기준은 여성의 특성을 과장되게 병리화해왔다는 점에서 비판받아왔다. 반면 공격성과 관련한 장애와 ADHD 등의 진단 기준은 정신장애의 핵심 병리가 여성에게서 어떻게 발현되는지에 관해 불충분하게 서술했다는 점을 지적받았다.[9] 객관성과 중립성을 유지해야 할 공식적 진단 기준이 남성에게 유리하도록 편향되었다니, 이게 어떻게 된 일일까?

DSM이 정신장애를 충분히 젠더 중립적으로 기술하고 있는지 알아보기 위해 연구자들은 DSM에서 ADHD를 포함한 몇몇 정신장애의 젠더 적합성gender appropriateness을 탐색했다. 그 결과 전반적으로 정신장애를 묘사하는 데 남성 중심적인male-oriented 언어 표현을 사용하고 있음이 발견되었다.[10]

증상이 '남성 중심적으로' 서술되었다는 말부터 살펴보자. 이는 진단 기준이 남성에게 더 익숙하고 노출되기 쉬운 경험에 기반을 두고 만들어졌다는 의미다. 예를 들면, 지능 검사 중 상식을 측정하기 위한 문항에 다음과 같은 문구가 나왔다고 가

정하자. "적절한 식탁 차리기에서 나이프는 접시의 오른쪽에 두어야 하는가, 아니면 왼쪽에 두어야 하는가?" 이 문항은 식사 예절에 익숙한 중산층이나 가사노동에 더 자주 노출되는 여성에게 유리한 내용을 담고 있다. 따라서 중산층과 여성에 기반한 '경험 이익을 갖는다'고 설명할 수 있다. 학업성취도 검사에서 "한 개의 필드 골에 두 개의 터치다운을 더한 팀이 득점한 총점은 얼마인가?"라는 문항은 남성의 경험 이익(미식축구)을, "우유 한 컵은 몇 온스인가?"라는 문항은 전통적인 가부장적 관점에서 여성의 경험 이익(요리)을 갖는다.[11] 집단에 기반한 경험 이익은 보통 지배문화 집단에 우호적인데,[12] 진단 기준을 성별에 두었을 경우 남성의 경험 이익에 더 우호적이다.

젠더 적합성에서 이탈된 DSM 내 수많은 정신장애 중에서 여성의 증상을 세밀하게 감별할 수 있는 문장을 기술하는 데 실패한 것 중 하나는 ADHD 진단 기준이었다.[13] ADHD 진단 기준에 포함된 증상의 주제가 남성의 전통적 성역할과 일치되는 '목표지향적' 활동이나 '성취' 등에 치중되어 있던 것이다. 결과적으로 남성성의 유무가 진단에 영향을 미치는 방식으로 여성들에게 불이익을 주고 있었다.[14] ADHD의 권위자인 러셀 바클리 Russell Barkley 박사 역시 ADHD 유병률의 성차가 나타나는 이유에 대해 성별에 따른 증상 차이보다는, DSM의 진단 기준이 남성의 특성을 주로 반영했기 때문이라고 주장했다.[15]

또한 과잉행동/충동형 증상을 표출하는 방식에 존재하는 젠더의 차이도 잘 반영되지 않았다. 여자아이들은 과도하게 말이 많거나, 어리석어 보인다거나, 사내아이 같은tomboyish 행동을 하거나, 정서적으로 예민하고 과장된 반응을 하는 등의 특성들로 과잉행동/충동형 증상을 표현하는 것으로 알려져 있다.[16] 이런 모습들은 주의력 문제라기보다는 미성숙한 행동으로 인식하기 쉽다. 이렇듯 젠더의 차이에 민감하지 못한 진단 기준 때문에 정신건강 전문가들은 ADHD 여성 환자의 증상을 알아차리고 평가하는 데 방해를 받게 된다.[17]

비슷한 문제 제기는 공격성 문제에도 있었다. 논쟁의 기초는 다음과 같았다. 동일한 병리학의 존재에도 불구하고 여성과 남성 간의 공격성이 발현되는 방식의 차이가 진단 기준에 충분히 반영되지 않았다는 것이다. 남성은 공격성을 반항 행동이나 신체적인 폭력과 같은 능동적인 방식으로 표출하는 한편, 여성은 요청을 무시하거나 등한시하는 것과 같은 수동적이고 관계적인 방식으로 표출했다. 그동안 여성의 공격성에 대해 잘 알지 못했을 뿐, 모든 유형의 공격성을 측정한 결과 여성은 남성에 비해 결코 덜 공격적이지도 않았고, 그 예후도 나빴다.

정신건강 전문가들은 여전히 여성의 공격성을 현저하게 과소 추정하는 DSM 진단 기준을 사용하는 것이 적합한가에 대해 우려를 드러냈다. 적합하지 못한 진단 기준이 여성들로 하여금 치료에 접근하는 과정을 방해하고, 시간을 지연시킴으로써 오히려 사태가 악화되어 여성들을 속수무책으로 잃게 만들기 때문이다.[18] 이러한 여성과 남성의 공격성에 대한 연구는 증상의 발현과 관련해 젠더 차이의 중요성을 보여준 최신 실례를 제공했다.

진단 도구

진단 도구 역시 진단 기준과 같은 문제를 가지고 있다. 증상 확인을 위한 설문지 문항들은 진단 기준에 기반하므로, 한쪽 성에 유리하도록 제작되는 일은 필연적이었다. 현재까지 남성에게 우호적인 ADHD 진단 기준과 진단 도구가 제작되었으며, 이것이 널리 이용되고 있는 상황이다. 도구의 타당성을 검증하는 단계에서 연구 대상의 78.5퍼센트를 남성으로, 84퍼센트를 백인으로 한정한 데에 따른 결과였다.[19]

물론 진단 도구의 남성 중심적 한계를 보완하기 위해 여성의 주의력 문제에 더 예민할 수 있도록female-sensitive 대안을 마련하려는 시도도 있었다. 여성 양육자로 하여금 현재의 진단 기준이 얼마나 젠더 편향적으로 느껴지는가를 탐색하는 연구였다. 연구 결과에 따르면, 그들은 자신의 딸이 실제로 주의력 문제가 있더라도 지금의 진단 기준이 묘사하는 방식을 통해서는 딸아이의 문제와 관련 지어 생각하기를 어려워했다. 이로써 지금의 도구가 여자아이들에게 불리하다는 점이 다시 한번 검증되었다.[20]

한편, 측정 도구들의 또 다른 문제점이 제기되기도 했다. '실제' 주의력과 연관된 정보처리 속도, 정확성, 지속성 같은 속성을 묻기보다는 겉으로 관찰되는 '행동적' 특성인 충동성, 산만함, 부주의, 집중 어려움을 위주로만 고려한다는 것이었다. 이러한 특징들은 보다 남성적 행동으로 이해되는 공격성, 저돌성, 호기심, 활동성 등과 관련 있는 것으로 평가되면서 측정 결과가 남자아이의 특성을 더 많이 반영한다.[21]

이러한 결과들은 정신장애를 근본적으로 개념화하는 데 보다 세심한 태도가 필요하며, 남성 기술적인male-descriptive 증상, 여성 기술적인female-descriptive 증상 모두를 포함하는 작업이 요구됨을 의미한다.[22]

개발에서의 문제

DSM의 진단 기준과 도구가 담아야 할 여성들의 ADHD 증상과 특성, 예후는 그동안 연구자들이 집중해온 남성의 것과는 다름이 이미 선행 연구들에서 드러났다.(성별에 따른 성인 ADHD의 유병률의 차이가 최초로 보고된 것도 1990년의 일이다.)[23] 그렇다면 우리는 이런 한계점을 알게 된 뒤에도 왜 더 나아가지 못했을까?

DSM이 처음 개발될 당시로 거슬러 가보자. 개발 당시 이를 주도한 위원회는 모두 남성으로 구성되었다. 정신건강의 '비정상'을 규정할 때, 여성이 부재한 자리에서 만들어진 진단 범주에 남성 중심적 전제가 녹아들 수밖에 없었을 것이다.[24] 이 전제를 기반으로 한 진단과 치료 패턴은 지금까지도 영향을 주고 있다. 이런 학계의 분위기가 오랫동안 이어져왔으니, 누군가 문제를 제기하며 변화를 꾀하기는 쉽지 않았을 것이다.

DSM 개발 단계까지 거슬러 올라갈 필요가 없는지도 모른다. ADHD를 공식적으로 하나의 정신장애로 정의 내리고 확장 및 발전시키는 단계에서 연구 대상을 주로 학령기 백인 남자 아이들에 국한한 것은 DSM 개발 후 한참 뒤의 일이기 때문이다.[25] 이제 ADHD는 아동기 정신장애 중 가장 많이 연구된 장애

임에도 불구하고,[26] 여전히 남자아이들의 과잉행동과 충동성에만 초점을 두고 있다.[27] 아직 여성 ADHD에 대한 정보가 남성에 비해 현저히 부족한 상황임에도, 학술 문헌과 미디어 모두에서 여성에 연관된 정보는 여전히 거의 언급되지 않는다.[28]

여성이 누락된 반쪽짜리 연구는 성별에 따라 다른 병인, 과정, 치료 효과, 예후 등을 탐색하기 어렵게 만든다. 내가 여성 ADHD에 관심이 높다는 걸 아는 동료들은 ADHD 증상을 보이는 여성 환자를 만날 때마다 내게 관련 정보를 요청하지만 자신있게 건넬 수 있는 과학적 사실과 자료는 한정적일 수밖에 없다.

공병

다른 정신장애와의 공병

여성 ADHD를 놓치는 데 중요한 또 다른 요인은 공병하는 정신장애의 유무이다. 주로 부주의 증상을 드러내는 여성 환자들은 낮은 각성 수준을 근거로 ADHD보다는 기분저하증으로, 높은 에너지와 충동성 증상을 드러내는 여성 환자들은 양극성장애로 진단된다. 증상의 유사성 때문이다. 또한 불안 또는 우울 증상을 드러내는 여성들은 ADHD로 고려조차 되지 않고 다른 정신장애에 대해서만 개입을 받아온 것으로 보인다.[29] 증상 유사성의 예로 우울장애는 슬픔, 울음 같은 감정을 경험하는 것과 동시에 흥미와 즐거움을 느끼기 어려울 수 있고, 이를 넘어 초조, 짜증 같은 정서가 더 두드러지기도 한다. 심지어 기분의 변화뿐만 아니라 신체나 인지의 변화 요인도 중요한 부분을 차지한다. 이러한 인지의 변화는 ADHD의 일부 증상과 닮아 있다. 우울로 인한 일시적인 인지 기능 저하는 어떤 일에도 집중하기가 어렵게 만들고, 초조함을 유발한다는 점에서 그러하다. 우유부단해져서 계획을 세우거나 구조화하는 일에 실패하고, 때로는 판단력이 떨어져 후회할 법한 충동적인 말이나 행동, 결정을 내리게도 만든다.

이러한 현상이 알려진 것은 ADHD 여성의 몇몇 부주의 증상이 우울의 결과로 오해받는 바람에 ADHD 치료제 대신 항우울제를 처방받는 경우가 빈번함이 밝혀지면서였다. 2004년 소아전문의 퍼트리샤 퀸Patricia Quinn 박사와 샤론 위걸Sharon Wigal 박사가 미국에서 3,234명의 ADHD 환자를 대상으로 국가 조사를 실시한 결과 (기분장애 진단의 정확성과 관계없이) ADHD 여성 환자 중 14퍼센트는 ADHD를 진단받기 전 치료를 위해 항우울제를 복용한 적이 있다고 보고했고, 그에 비해 남성은 5퍼센트만 이 이러한 과정을 거쳤다고 답했다.[30] 세 배 가까운 차이다.

ADHD가 우울의 증상으로 오해된 상황에서 항우울제로 부주의 증상에 대한 치료를 시도했다가 유의미한 호전이 나타나지 않았을 때, 담당 의사가 ADHD 진단 가능성을 떠올린다면 어떨까? 항우울제나 기분안정제의 효과는 천천히 나타나는 편이다. 일정 기간 약의 효과가 나타나기를 기다린 뒤에도 호전이 관찰되지 않음을 인지하고 다른 종류의 기분조절치료제로 대체할 수 있다. 그럴 경우 다음 약의 효과를 확인하는 과정을 지나면서 시간적·심리적·경제적으로 불필요한 비용을 감수해야 하며, ADHD 치료 또한 자연히 지연된다. 그럼에도 불구하고 재평가와 재진단을 거쳐 항우울제 대신 ADHD 약물 사용으로 치료 방향을 바꿀 수 있다. 그나마 다행스러운 일이지만, 이렇게 늦은 치료와 처방은 앞으로도 존재할 가능성이 높다.

여성들에게서 발견되는 ADHD와 기분장애의 높은 공병률 그리고 여성들의 ADHD 증상 때문에 기분장애로 '오진'되었다기보다는 두 진단 중 ADHD가 '누락'된 것으로 해석하는 게 더 적절하다고 주장하는 연구자들도 있었다.[31] 성인 ADHD 환자 중 많게는 80퍼센트가 ADHD 이외의 다른 정신장애도 겪고 있음은 널리 알려진 사실이다.[32] (그중 ADHD 여성들은 기분장애와 불안장애를 경험하는 비율이 높다.) 만 4~18세의 아동 및 청소년 3,559명의 ADHD 여성을 조사한 결과, 같은 범주의 남성에 비해 기분장애를 경험하는 비율이 높다는 사실이 밝혀졌다.[33]

다른 연구에서도 이와 비슷한 결과가 나왔다. 아동기에 ADHD를 진단받았던 여성이 20대에 접어들었을 때 남성보다 더 높은 비율의 기분장애와 불안장애가 나타난 것이다.[34] 심지어 이들은 평균 발병 연령보다 더 어린 나이에 주요 우울장애 증상이 시작되었으며, 비非 ADHD에 비해 우울장애를 진단받는 비율이 5.4배나 높았다. ADHD가 아닌 아동 및 청소년 우울장애가 평균 1.3년간 지속된 반면, ADHD 아동 및 청소년은 우울장애가 평균 3년간 지속되었다. 그 심각도에서는 자살사고나 정신병동에서 입원 치료가 필요할 만큼 심각한 손상이 따르기도 했다.[35]

여성이 남성에 비해 더 적은 비율로 ADHD 약물을 처방받는 현상 자체는 단지 여성의 진단 누락의 '결과'에 그치는 것이 아니라 과소 진단의 또 다른 '원인'이 되기도 한다. 여성의 경우 ADHD 치료제 처방률이 낮다는 사실 자체가 약물치료 영역에서 여성에게는 ADHD를 치료 목표로 삼지 않는 방향과 분위

기를 강화했다는 비판도 있다.[36]

ADHD 여성 환자의 이야기를 듣다 보면 안타까운 마음이 든다. 우울장애나 양극성장애, 불안장애 치료를 위해 짧게는 수년, 길게는 수십 년 동안 정신과를 방문하면서도 ADHD 진단에 대해 들어본 적 없는 경우가 많기 때문이다. 우연한 기회에 ADHD 증상에 대해 알게 되거나 스스로 증상에 의문을 갖고 병원에 찾아오는 환자의 이야기는 언제 들어도 마음이 아린다. 그들의 고백에는 정확한 진단에 이르기까지 지난한 과정이 담겨 있다. 현재로서는 외국의 사례가 대부분이라 이 책에서 함께 살펴보긴 어려운 상황이다. 그러나 서로의 이야기가 더 많이 공유되고, ADHD에 대한 다양한 논의가 진전된다면 이후 여성들이 좀 더 빠르고 편한 길을 안내받을 수 있을 것이다.

젠더적 특성에 대한 고려

장애들의 증상 간 차이를 명확하게 밝히기가 어렵다는 한계는 이해할 수 있다. 그럼에도 서운함은 남는다. 젠더를 떠나 질병에 대한 좀 더 포괄적인 이해를 고려했다면 다른 장애와의 감별 실패나 공병하는 장애로 생길 수 있는 혼란은 물론 의료계 젠더 편향 문제 또한 예방할 수 있었을 것이다.

예를 들면, 자폐스펙트럼장애가 있는 사람에게서는 조현병과 닮은 증상이 발견될 수 있다. 그래서 자폐스펙트럼장애를 조현병으로 오인하지 않도록 공식적인 진단 기준에 다음 문구가 삽입된다.

> 자폐스펙트럼장애 병력이 있는 경우, 조현병의 추가 진단은 조현병의 다른 필요 증상에 더하여 뚜렷한 망상이나 환각이 최소 1개월(성공적으로 치료되면 그 이하) 동안 있을 때에만 내려진다.[37]

ADHD의 진단 기준에도 여성의 증상을 구체적으로 기술했다면 어땠을까? 지금과 같이 기분장애와 오인할 걱정이 불필요했을 것이다.

또 하나! 사실 DSM-5를 개발한 연구자들은 (진단 기준 내에 포함되지는 않지만 부가적 설명으로) ADHD와 주요 우울장애 간 감별을 강조하는 문구를 넣었다. "ADHD와 달리 우울장애의 집중력 문제는 우울 증상이 존재하는 기간에만 나타나야 한다"[38] 연구자들도 감별 과정에서 주의력과 관련한 일련의 어려움이 일생에 걸쳐 지속되었는지, 아니면 일시적으로 우울 증상이 있는 기간과 맞물려 저하되는 패턴이었는지에 대한 점검이 필요함을 인지한 것이다. 그런데 이 문구가 임상 현장에서는 충분히 고려되지 못하고 있다. 미처 떠올리지 못한 진단으로 기분장애에 한정해 치료할 가능성이 높다. 정신건강 전문가가 여성 환자와 면담할 때 ADHD를 염두에 두기만 해도 장애 간 증상 차이에 더 주목하고 경과를 관찰할 수 있을 것이다.

정신건강 전문가가 여성 환자에게서 ADHD의 단서를 기민하게 포착하는 데 성공하고 치료적 계획에 대한 고민을 마친 상태에서도 문제는 발생한다. 정서 문제의 여부를 분명히 하고자 임상심리학자가 환자의 증상을 지켜보는 동안, 이미 자신의 문제를 기분장애로 정의 내리고 항우울제를 처방받기 위해 다른 의사를 찾아 떠나는 환자도 있다.(ADHD 환자의 경우 약의 효과를 재측해서 약물을 빠르게 증량시켜야 한다는 연구 결과가 있다.[39]) 또한 급성 불안장애나 기분장애는 당장의 일상을 방해하거나 자신 또는 타인을 해칠 수 있는 위험성에 대한 치료가 더 시급하다. 이 때문에 ADHD 치료에 앞서 다른 장애가 먼저 치료될 수 있다. 그런 이유로 불안과 기분 문제를 치료하고 나면 극심했던 기분 증상 때문에 현저해졌던 주의력과 충동성 문제가 호전되면서 ADHD로 인한 근본적 증상들을 잊어버리게 되는 경우가 많다.

이러한 문제가 전문가들이 여성 환자를 무성의하게 대해서 일어나는 일이라고 단정 짓기는 어렵다. 여타의 요인도 고려해야 하기 때문이다. 게다가 주의력 문제가 '과거'에 어땠는지는 주로 환자 본인이나 보호자의 기억에 의존해야 하는데, 그들의 기억이 부정확하거나 정보가 모호하고 미흡했을 가능성도 있다.

또한 모든 진단이 그렇듯, 특히 정신장애 진단은 조심스럽고 보수적으로 이루어져야 한다. 과소 진단으로 ADHD를 놓치고 치료 개입 시점을 지연시킬 바에, 정상 행동도 의심하는 것이 낫다고들 한다. 하지만 그 말이 곧 과잉 진단을 해도 좋다는 의미는 아니다. 아무리 뛰어난 전문가라고 해도 가장 빈번하고 가능성이 높은 진단을 내릴 때 안전하다고 느낄 것이다. 모호해 보이는 증상들에 대해 '전형적'이지 않은 진단으로 기존의 통계치에 도전하기는 쉽지 않다.

한편, 전문가가 ADHD 증상을 의심하고 이를 확인하고 싶을 수 있다. 그런 경우에도 문제는 있다. 여성의 ADHD 증상을 예민하게 선별할 만한 좋은 진단 도구도, 진단 기준도 부족한 상황이기 때문이다.

남 이야기하듯 했지만, 나 또한 비슷한 경험을 반복한다. 여성 환자들에게서 ADHD로 의심되는 증상이 발견되면, 민감하게 알아채고 어떻게든 빨리 도움이 되는 제언을 전달하고 싶다. 동동거리는 마음을 다잡고 심리 평가 보고서를 작성할 때면 이것이 쉽지 않음을 체감한다. 임상 심리 평가는 추측이 아니라 객관적인 근거로 이루어져야 하기 때문이다. 증상과 진단에 대한 내 가설을 뒷받침해줄 만한 유용한 도구와 기준이 부족한 상황을 무시하기가 어렵다. 아쉬움과 미안함을 품은 채, '주의력 문제가 의심되니 이에 대한 점검을 계속해야 한다'는 말만 남기는 것이 최선일 때가 많다.

진료실 안에서 발생하는 문제

정신건강 전문가의 편견

사람들은 무언가를 잘 알지 못할 때 고정관념을 정보로 활용하곤 한다. 또는 무언가에 대해 안다고 여기기 때문에 고정관념에 치우친다. 여성 ADHD를 알지 못하거나, 잘 안다고 여긴 정신건강 전문가들도 그랬던 것 같다. 경험 많은 전문가도 편향에 익숙해지고 중립성을 유지하는 데 어려움이 따르기 쉽다. 전문의들은 동일한 증상을 호소하는 주체가 남성인지, 여성인지에

따라 다른 의미를 부여하는 모습을 보이는 것으로 확인됐다.[40]

정신건강 전문가의 진단적 평가에 편견이 존재한다는 사실은 이미 오래전에 밝혀졌다.[41] 환자의 증상이 아닌 단지 그 환자의 성별에 따라 정신장애의 진단과 치료가 달라지는가에 대한 논쟁은 이미 1960년대와 1970년대에 이루어졌고, 실제로 잠재적인 젠더 고정관념이 영향을 미치고 있다는 사실이 여러 차례 밝혀지기도 했다. 심지어 몇몇 연구에서는 전문가들이 진단 기준보다는 각 정신장애에 대한 자신의 주관적인 가정이나 가설에 따라 진단을 내리는 경향이 발견되기도 했다. 이와 관련한 한 연구에서는 여자아이와 남자아이에서 똑같은 ADHD 증상을 보였을 때도 아이의 성별에 따라 다른 진단을 내린 결과를 안내하며 전문가의 젠더 편향을 강조하기도 했다.[42]

정신건강 전문가가 가진 정신장애에 대한 고정관념은 전통적인 성역할과 편견에 기반할 수 있으므로 더더욱 주의가 필요하다. 대표적으로 여성들이 자주 호소하는 두통이나 복통 등은 신체적 원인에 의한 질병으로 인정받기 어렵다. 그보다는 기분 탓이나 심리적인 문제, 즉 타인의 관심과 보호에 의지해 생존하려는 '여성 특유의' 특성 때문에 자신의 연약함을 강조하고 싶어하는 무의식적 동기가 두통, 복통으로 나타난 것으로 해석된다.[43] '여성들은 신체적 고통으로 심리 문제를 표현한다'라는 고정관념은 여성과 관련한 의학 지식의 발전을 둔화시키는데, 지금 이 순간도 영향을 미치고 있을 것이다.

정신건강 전문가가 남성의 우울증은 과소 탐지하지만 여성의 우울증은 과잉 탐지하는 경향을 보인다는 사실도 수차례 확인되었다.[44] 더 나아가 정신건강 전문가 자신의 성별도 환자의 증상에 대한 진단에 영향을 미쳤다. 정신과 의사 중 남성은 여성의 사례에 우울증 진단을 많이 내린 반면, 여성은 사례가 남성이든, 여성이든 우울증 진단을 적게 내리는 경향이 드러난 것이다.

이는 1988년 진행된 로링 댄포스Loring Danforth와 워런 파월Warren Powell의 연구에서도 확인되었다. 한동안 DSM-Ⅲ(1980)가 진단에서의 정신건강 전문가의 편향을 줄인다는 의견이 지배적이었다. 당시 연구자들은 정신과 의사와 환자의 성, 인종이 진단에 영향을 미치는지를 확인하기 위한 연구를 진행했다. 290명의 정신과 의사가 이 연구의 진짜 취지를 모른 채 참여했다. 이들은 두 가지 사례를 읽은 뒤 증상을 적절하게 설명하는 진단을 내려야 했다. 모두 실제 사례를 반영했고, 두 사례의 환자 모두 '(미분류형) 조현병'과 '의존성 성격장애' 진단을 받았으며 환각을 경험하며 일상생활을 유지하기 어려운 상태에 있었다. 의사들

중 일부에게는 환자의 성별을 비밀에 부쳤고, 나머지 의사들에게는 증상의 특성과 더불어 해당 환자가 흑인인지 백인인지, 남성인지 여성인지에 대한 정보를 각각 다르게 고지했다.

실험 결과는 흥미로웠다. 백인 남성 의사는 환자 역시 백인 남성일 때, 흑인 여성 의사는 환자가 흑인 여성일 때, 흑인 남성 의사는 환자가 흑인 남성일 때 실제 진단과 일치하는 '(미분류형) 조현병'을 진단했다. 여성 환자에 대한 평가는 의사의 성별에 따라 상당한 차이를 보였다. 남성 의사는 여성 환자에게 우울장애 진단을 더 자주 내리는 쪽으로 치우쳤으나, 여성 의사는 우울장애 진단을 주저했다.

연구 결과를 종합한 연구자들은, 의사들이 환자의 성별과 인종에 영향을 받는 것을 넘어 의사 본인의 성별에 영향을 받을 수 있음을 강조했다. '집단으로서의' 남성 정신건강 전문가들이 여성을 우울장애가 있는 것으로 평가하는 경향이 있으므로, 여성에게서 우울장애의 유병률이 과대 추정될 수 있다는 것이다. 아울러 남성 의사는 근거가 분명하지 않을 때조차 여성에게 히스테리성 성격장애 진단을 더 자주 내린다는 사실도 확인했다. 이 연구는 남성 정신과 의사가 여성 환자를 정형화된 여성 행동의 관점에 따라 정서 문제를 가진 것으로 여긴 것으로 결론지었다.

앞서 말했듯 이는 정신장애에 관한 정신건강 전문가의 성 고정관념이 환자의 증상이나 특성 등에 대한 지각과 사고, 판단에 영향을 미친 결과로 설명된다. 예컨대 여성이 더 우울할 것이라는 정신건강 전문가의 기대는 남성 환자의 우울 증상을 간과하기 쉽게 만든다. 반대로 여성 환자에게서는 사소한 우울 증상도 예민하게 알아차리게 만든다. 이는 곧 정신장애의 성차 간극이 넓어지는 결과를 초래한다. 이 과정이 반영된 유병률의 성차는 다시 한번 정신건강 전문가의 편견을 강화하면서 여성의 우울을 과도하게, 남성의 우울을 과소하게 지각하게 만드는 악순환을 반복한다.[45]

정신건강 전문가의 경험, 성 고정관념의 문제는 국가별 교육환경과도 관련이 있다. 우리나라 정신과 수련 환경은 성인 정신건강의학과, 소아·청소년 정신건강의학과로 분리되어 있다. 소아·청소년 환자를 만나고 훈련받을 기회가 부족한 전문가의 경우 여성 ADHD를 깊이 이해하는 데 특히 더 오랜 시간이 필요할 수 있다. 이런 이유로 성인기에 ADHD와 관련해 첫 진료가 필요한 사람들은 주변으로부터 성인기 환자보다는 소아·청소년 환자 경험이 많은 전문가를 더 추천받기도 한다. 성인 ADHD에 대한 정신과 의사들의 인식 부족으로 인해[46] 국내에는 환자들이 본인들의 경험을 통해 수집한 'ADHD 치료 경험이 풍부한 의사가 있는 병원 리스트'가 따로 있을 정도다.

내 친구가 들려준 일화가 생각난다. 친구는 ADHD에 관해 진료받길 원했고, 오랜 고민 끝에 정신과를 방문했다. 그런데 의사가 '나는 ADHD에 대해 잘 알지 못하니, 진단을 받고 싶다면 다른 의사를 찾아가라'고 했단다. 안타까운 일이긴 하지만, 기회비용을 고려하면 이렇게 진솔하게 환자를 대하는 의사를 만난 것에 감사하지 않을 수 없다.

정신장애와 관련한 모든 과정에서 젠더 중립적인 기준과 평가, 도구의 존재는 이상적이긴 하지만, 현실에서는 중립성을 확보하기가 어렵다.[47] 정신건강 전문가가 경험해온 환경적 맥락이 진단에 줄 영향을 배제하는 것도 거의 불가능하다. 그렇기에 정신건강 전문가, 여성주의자, 학자 들은 현재의 진단 체계에 의한 젠더 편향으로 남성이든 여성이든 간에 여성이 과잉·과소 진단이나 오진이 내려질 수 있는 가능성이 있음을 지적한 부분에 대해 인식해야 한다.[48] 전문가들이 자신의 고정관념과 편견에서 출발한 오해나 착각, 실수나 누락에 대한 책임을 깊이 인식한다면 상황은 나아질 것이다.

- 가정과 교실에서의 문제
- 대중매체가 전하는 고정된 질병 이미지
- 성역할
- 심리학·정신의학에서의 여성 혐오

4장

진료실 밖에서도 여성 ADHD는 지워졌다

ADHD는 성별 간 병인이 다르지 않은 질병이다. 그럼에도 여성은 왜 남성과 다른 양상으로 ADHD가 발현될까? 이에 관해서는 다양한 가설이 있지만, 성 고정관념으로 인해 개인에게 요구되는 사회적 성역할이 여성들의 증상을 '조용하게' 발현되게 하는데 영향을 주었다는 요지의 연구들을 주요하게 살펴봐야 한다. ADHD에 관한 불완전한 정보와 성 고정관념으로 인해 ADHD 여자아이와 여성의 존재는 진료실 밖에서도 지워지고 있기 때문이다.

4장에서는 가정과 학교에서 보호자나 양육자, 교육자가 ADHD 여자아이를 눈앞에 두고도 그 증상을 놓쳐버린 원인에 대해 이야기한다. 더 나아가 아이들이 성역할을 습득하는 방식과 배경, 이러한 성역할이 여성의 정신건강에 미치는 해로움을 짚어볼 것이다. 또한 대중매체에서 '천방지축인 남자아이'만을

ADHD 환자로 묘사하게 된 배경은 무엇인지, 이로 인해 진단에서 배제되는 여자아이들은 어떤 문제를 겪는지, 심리학·정신의학에서의 여성 혐오가 이러한 문제들이 계속되는 데 어떻게 기여하고 있는지를 탐구한다.

가정과 교실에서의 문제

아동기에는 증상의 당사자가 아닌 양육자 또는 교사가 이들의 진료나 평가, 치료 여부를 결정하므로 이들의 판단에 따라 아이들의 미래가 결정된다고 해도 과언이 아니다. 정신건강 전문가들은 부모나 교사와의 면담과 보호자가 응답한 설문지에 의존하여 진단을 내릴 수밖에 없다. 전문가가 아이를 직접 관찰하고 검사 결과를 종합하여 핵심 문제를 도출했다고 하더라도, 그 추정 진단이 부모나 교사의 의견이나 설문지 결과와 불일치할 경우 진단에 대한 의심은 일단 철회될 가능성이 높다. 아이의 문제를 이해할 기회가 허무하게 날아갈 수 있는 것이다. 그만큼 아이의 증상을 관찰하는 주변 어른의 보고가 중요한 증거의 하나로 작용한다.

앞서 진단 기준을 안내하는 과정에서 모든 여자아이와 여성이 꼭 부주의형에 한정된 증상을 보이는 것은 아님을 강조했다. 지금도 적지 않은 수의 ADHD 여자아이들은 과잉행동/충동형의 증상을 보인다. 교실을 뛰어다니며 정신없이 굴고 매일같이 교무실에 불려 다니면서 주변의 이목을 끌고 있다. 여성의 진단 누락이 남성과의 증상 차이 때문이었다는 설명이 타당하다면, 과잉행동/충동형의 여자아이들은 ADHD를 의심받고 병원에 찾아가 진단받았을까?

2004년 미국 뮬런버그 대학의 심리학 교수 마크 시우토 Mark Sciutto는 교사들이 ADHD가 의심되는 아이의 치료 필요성 여부를 성별에 따라 어떻게 판단하는지 알아보았다. 시우토 교수는 오하이오 지역의 초등학교 교사 199명에게 종이 한 장씩을 건넸다. 여기에는 부주의, 과잉행동, 공격성 증상이 있는 가상의 아이에 대한 묘사가 있었다. 이후 이 아이에게 치료가 필요해 보이는지 교사에게 물었다. 즉 당신 학급의 아이가 이런 증상을 보인다면 아이를 전문가에게 의뢰하겠느냐는 것이다. 자, 이쯤에서 연구의 목적이 아이의 성별에 따른 교사의 반응 차이에 있었음을 상기해보자. 교사들에게 나눠준 종이 중 절반은 전형적인 여성 이름이, 나머지 절반에는 전형적인 남성 이름이 적혀 있었다. 예를 들어, 알렉산드라Alxandera와 알렉산더Alexander, 에리카Erica와 에릭Eric처럼 아이의 성별을 예측하기 쉽게 한 것이다.(우리나라로 치면 영희와 철수, 민아와 민석이 정도가 되겠다.)

결과는 지루하리만큼 뻔했다. 교사들은 완전히 똑같은 증상에도 불구하고 그 대상이 여자아이의 이름이었을 때, 다시 말해 그것이 여자아이의 문제라고 생각했을 때 치료의 필요성을 덜 느낀다고 답했다. 이는 반에 이런 증상을 보이는 여자아이가 있다 하더라도 굳이 전문가에게 보내지 않는다는 것이다. 심지어 단순 과잉행동이나 부주의 문제뿐만 아니라 파괴적인 공격성이 동반될 때조차 그 행위자가 남자아이가 아니라 여자아이라면 도움의 필요성은 더 낮다고 판단했다. 여자아이를 임상 현장에서 찾아보기 힘든 이유가 바로 여기에 있을까? 성별에 따른 ADHD 유병률의 차이를 여자아이들의 증상이 조용하고 눈에 띄지 않기 때문이라고 여겼던 기존 연구자들의 설명이 허망해지는 결과이다.[1]

또 다른 연구에서 아동심리학 박사 스튜어트 피세코Stewart Pisecco는 ADHD 아이에게 약물치료가 얼마나 도움이 될 것으로 예상되는지 교사들에게 물어보았다. 그 대답에서도 젠더 특정적인 기대가 발견됐다. 치료제가 여자아이보다 남자아이에게 더 유용할 것이라고 답한 것이다. 여자아이에게는 치료제 대신 '반응 및 보상 기법' 같은 비약물적 치료법이 더 도움이 될 것으로 기대했다. 비약물적 치료법이란 아이가 올바른 행동을 하면 관심과 애정을 주고 그렇지 않으면 처벌하거나 관심을 철회하는 식을 말한다. 이런 치료법은 임상 장면에서도 약물치료와 병행되는 효과적이고 장기적인 변화를 기대할 수 있는 좋은 방법이다. 다만 연구자들은 응답자가 비약물적 치료법을 전문가에게 정식으로 의뢰하는 것이 아니라 부모나 교사가 가정과 교실에서 관리할 수 있다는 의미에서 언급한 것으로 해석했다.[2] ADHD 여자아이의 증상이 (남자아이의 증상과 일치하더라도) 교실에서 해결될 수 있다는 믿음은 남자아이가 전문적인 돌봄을 받을 때 여자아이들은 교실에 남게 하는 데 기여했을 것이다.

교실에 부주의 증상을 보이는 여자아이, 과잉행동/충동형 증상을 보이는 남자아이와 여자아이가 있다고 가정해보자. 교사는 전문가에게 어떤 아이를 가장 먼저 의뢰하며, 어떤 아이를 가장 마지막에 의뢰할까? 실험의 결과를 고려해 예상해보자면, 과잉행동/충동성 남자아이가 가장 먼저 전문가의 진료를 받을 것이다. 그다음은 과잉행동/충동형 여자아이, 마지막으로는 부주의 증상의 여자아이일 것이다.(마지막에 부주의 증상의 여자아이가 전문가의 의뢰를 받는다면 그나마 다행이다.)

다른 연구에서도 이와 같은 결과는 반복적으로 도출되었다. 증상의 유형이나 심각도보다는 성별 자체가 약물치료의 필요성 여부를 결정하는 데 더 중요한 요인임이 밝혀진 것이다. 이는 곧 증상이 경미한 남자아이와 심각한 여자아이 가운데 남자아이가 약물치료를 권유받을 수 있다는 뜻이다.[3]

물론 인과관계를 단정 짓기는 어렵다. 그러나 ADHD 증상이 있어도 치료를 받지 않은 비율이 여성에게서 더 높은 것은 1998년 이미 밝혀졌으며, 이후 2017년까지도 반복되어 입증되었다.[4] 2007년 정신유전학 교수 에스케 더크스Eske Derks 외 다수가 참여한 한 연구에서도 ADHD 여성과 남성 모두 비슷한 수준으로 일상생활에서 문제 행동을 보였음에도 불구하고, ADHD 여성 중 단지 6퍼센트가 약물치료를, 8퍼센트가 심리 상담을 받았을 뿐이다. 반면 남성은 46퍼센트가 약물치료를, 38퍼센트가 심리 상담을 받았다고 보고했다.[5] 단지 '여성'이라는 이유로 ADHD를 알아차리고, 진단하고, 치료하는 모든 과정이 지연되고 있는 것이다.[6]

여기까지 우리는 여성의 '조용한' 증상을 진단 배제의 이유로 꼽기엔 너무 다양한 이유들을 알아버렸다. 정신건강 전문가를 비롯해 아이들과 가장 가까이 지내는 양육자, 교육자의 성 고정관념과 기대, 오해와 판단이 여성의 ADHD 진단 누락, 과소 진단, 오진에 어떻게 개입하는지 알 수 있었다. 상황은 조금씩 나아지고 있다. 정신장애에 대한 교사와 부모의 이해도가 높아지고, 질 좋은 정보와 교육이 제공되고 있기 때문이다. 그러나 갈 길이 멀다. 어른들이 ADHD와 관련해 조금만 더 알아도 우리가 상상할 수 있는 미래는 크게 달라진다.

대중매체가 전하는 고정된 질병 이미지

과잉행동/충동형 백인 남자아이만 묘사

아이들의 진단에 중요한 정보원 역할을 하는 부모, 교사를 비롯한 주변의 어른들은 왜 여자아이들의 ADHD 증상을 덜 심각하게 여기거나, 여자아이와 ADHD의 관계를 간과하게 되었을까? 그 배경을 알아보자.

러셀 바클리 박사는 ADHD 증상이 일종의 임상적 문제로 관찰되기 시작한 지 100여 년이 흘렀음에도 불구하고 여전히 학령기 여자아이들이 진단에서 누락되는 원인 중 하나로 대중매체를 꼽았다. 대중매체가 ADHD를 부정확하게 보여줬던 것이, 'ADHD가 있는 건 오직 남자아이들뿐'이라는 대중의 지각에 기여했다는 것이다.[7] 특히 ADHD 연구가 폭발적이던 1960년경부터 1980년대까지 약 20년간 연구자나 대중매체의 관심은 과잉행동/충동형 백인 남자아이에게 집중되었다. 나 또한 대중매체를 통해 오직 중산층 가정의 백인 남자아이의 모습으로만 ADHD를 접해왔다. 덕분에 대중은 ADHD에 관련하여 남자아이의 과장되거나 충동적인 행동에 대해서만 더 잘 알 수 있게 되었다. 이제 ADHD는 완전히 남성의 질병으로 대중의 무의식 속에 자리 잡고 말았다.

대중매체 생산자의 입장에서는 부모와 교사의 걱정거리이자 눈에 띄는 과잉행동/충동성이 주의력 결핍보다 대중의 이목을 끌기 수월했을 것이다. 사람들이 관심을 보이고 궁금해하는 정보를 제공하는 게 그들의 임무이기도 하다. 게다가 그들 또한 ADHD에 대해 별로 아는 게 없는 상태였을 것이다. 쉽게 찾아볼 수 있는 정보가 남성 위주의 문제였을 테니 말이다. 그렇다고 해서 ADHD에 관한 질병 이미지를 한정적이고 불균형하게 묘사하고 이를 반복적으로 생산하는 일이 더는 허용되어서는 안

된다. 수십 년간 편향적인 정보에 노출된 대중은 자연스레 불완전한 정보를 습득했기 때문이다. 이로 인해 정신장애에 대한 오해가 심화되었다는 사실을 인정할 시점이 왔다.

ADHD 환자의 고백

안타깝게도 ADHD 환자들에게 희망을 주기 위한 전문가들의 노력이나 당사자들의 용기 어린 고백도 'ADHD는 남성의 문제'라는 고정관념에 일부 영향을 미쳤을지 모른다. ADHD가 있음에도 충분히 멋지게 살 수 있다든가, 또는 어려움을 공유하고 이에 대한 공감을 이끌어내기 위해 공개된 ADHD이자 유명인의 대열에는 오직 남성의 이름만이 오르내리기 때문이다. 에디슨, 모차르트, 레오나르도 다빈치, 아이슈타인, 피카소, 빌 게이츠, 짐 캐리, 라이언 고슬링, 기안84……. 실존하는 여성 ADHD 모델에 노출된 적이 없는 사람들은 여성과 ADHD를 연관 짓기 더욱 어려울 것이다. 말로만 들었지 직접 본 적은 없는 것이 바로 지금까지의 여성 ADHD였다.

다행히 최근 들어서 기분 좋은 변화가 생겼다. 대중매체에 ADHD 여성이 전보다 자주 노출되고 있는 것이다. 해외에서는 영화 〈분노의 질주〉, 〈아바타〉에 출연한 배우 미셸 로드리게

스Michelle Rodriguez, 미국 방송 CNN, FOX News Channel, CNBC, MSNBC, HBO 등에서 20년 이상 메이크업 아티스트로 활약하고 있는 마르타 봇Marta Bot, 인도에서 벌어지는 인신매매를 세상에 알리고자 다큐멘터리와 성폭력 예방 캠페인을 제작한 마고 조페Margaux Joffe 등 여러 유명인이 ADHD임을 고백하며 목소리를 내기 시작했다. 우리나라에서도 용기 있는 목소리가 나왔다. 개그맨 김신영이다. 그는 한 예능 프로그램에서 ADHD가 있었다는 이야기를 들려주었다.

대중매체가 다양한 유형의 ADHD 증상을 묘사하고 ADHD 여성 환자를 조명하는 일은 매우 중요하다. 이름 붙이지 못한 증상으로 고통받고 있을지도 모르는 한 여성을 구할 수 있기 때문이다. 어떤 비극이나 고통의 이야기에서 여성의 존재가 지워져서는 안 된다.

성역할

심리학에서의 성차

고통의 표현 방식은 저마다 그 형식과 수단, 빈도, 시점,

강도 등이 다르다. 그러나 고통은 사회가 용인하는 방식 안에서 표현된 것이어야만 타인의 공감과 이해를 끌어낼 수 있고, 고통의 원인을 제거해줄 만한 사람과 제도를 만날 수 있다. 고통의 표현 방식의 배경에는 '성별'이 큰 비중을 차지한다. 남성과 여성이 자신들의 성 규정에 일치하는 방식으로 어려움을 나타내도록 유도하고, 괴로운 상황에서 각자의 성 고정적인 방식으로 도움을 요청하게 만들기 때문에 정신장애와 관련해 성차는 중요하게 다루어져야 한다.[8] 아직까지 여성주의에서도 정신장애에서의 남녀 차이 문제는 우선순위에서 밀렸던 것으로 보이지만, 오늘의 우리는 그러지 않을 거다.

성별은 개인을 분류하는 가장 기본적인 범주이다. 우리는 태어날 때부터 여성과 남성으로 구분된다. 아니 태어나기 전부터 구분된다. 엄마의 자궁 속에서부터 부모는 성별에 따라 태아의 활동을 다르게 지각한다. 자신들이 속한 사회, 문화에 적절한 남성상, 여성상과 부합되는 방식으로 말이다. 아이가 태어난 직후 부모는 아이의 성별에 따라 그 반응을 달리한다.

초산한 부모 30쌍을 인터뷰한 연구에 따르면 여자아이의 부모는 자신의 아이를 '아름답다, 예쁘다, 귀엽다, 작다'고 묘사한 반면, 남자아이의 부모는 '튼튼하다, 강하다, 똘똘하다, 크다'

고 묘사했다. 놀라운 사실은 그 아이들이 태어난 지 24시간도 채 지나지 않은, 키와 몸무게, 활동성에서 거의 차이가 없는 신생아라는 점이다. 부모가 아이를 성별에 따라 다르게 인식하는 밑바탕에는 전통적인 여성스러움, 남성스러움의 특성이 사회에서 여전히 바람직한 특성이자 자원으로 통하는 풍조가 깔려 있지 않을까? 자신들의 아이가 사회에서 용인하는 여성상, 남성상과 부합되기를 기대하는 마음에서 나타난 해석일 것이다.[9]

사회에서 용인하는 성별적 특성은 다음과 같다.

- 남성성: 실용적인, 지배적인, 지도력이 있는, 공격적인, 일 중심적인, 모험심 있는, 주장이 센, 강인한, 용감한……
- 여성성: 사회성이 뛰어난, 공감적인, 비공격적인, 감정적인, 의존적인, 조용한, 세심한, 수동적인, 부드러운……

'성역할'이란 특정 문화에서 여성과 남성에게 보다 바람직한 것으로 간주되며, 문화적으로 승인되는 행위 양식을 가리킨다.[10] '여성성'에서 벗어나는 특성을 지닌 여성은 사회로부터 다양한 방법으로 차별당한다. 어떤 차별을 이야기하는지는 말하지 않아도 잘 알고 있으리라 생각된다. 여성성 상실에 대한 대가는 크다.

누군가는 이렇게 생각할지 모른다. '세상의 요구로부터 해방되는 대가로 차별받느니 사회가 정해놓은 여성성에 안주하는 것이 훨씬 효율적이고 안전한 일인지도 모른다'고 말이다. 그러나 그 요구에 따르려면 개인의 욕망을 거세해야 한다. 아니, 거세당한다. 분노하고 싶어도 정당하게 발산할 배출구도 없다. 다른 대안이 있다는 사실조차 떠올리기 어렵다. 그러므로 여성은 사회가 허용하는 '여성다운 행동'의 범위 내에서 '안전한 저항'을 시도한다. 정서와 욕구를 성역할에 맞춰 사회화하는 것이다. 다시 말해 여성의 저항은 수동적이고 간접적인 것일 수밖에 없다. 자기 내부로 향하는 것이어야 한다.[11] 남성적인 방법으로 감정을 표현하는 여성은 정신병원에 감금되던 시대도 있었다. 이런 상황이니, 여성들은 차라리 연약한 존재로 전락하여 경멸을 피하는 편이 낫다고 생각했을지 모른다.

오늘날 여성에게서 지배적이고 더 높은 유병률을 보이는 정신장애는 다음과 같다.[12] 분리불안장애, 선택적 함구증, 주요우울장애, 양극성장애, 기분부전장애, 공황장애, 광장공포증, 특정공포증, 사회공포증, 범불안장애, 신체화장애, 전환장애, 동통

장애, 해리성 정체감장애, 신경성 식욕부진증, 신경성 폭식증, 일차성 불면증, 악몽장애, 수면 중 경악장애, 히스테리성 성격장애, 의존성 성격장애……. 대부분 자신의 내부로 향하는 장애들이다.(특히 우울증, 불안증의 증상들은 수동적이고 의존적이며 타인과의 관계를 중시하는 여성의 사회적 성역할과 정확하게 일치한다.) 각종 불안과 공포 반응, 신체 반응도 마찬가지다.

이런 장애는 아주 오래전부터 여성에게서 지배적으로 진단되어왔고, 흔히 '내벌적intropunitive' 증상이라고 불린다. 즉 자기가 원하는 것을 얻지 못할 때 그 원인과 책임을 자신에게 돌리고 스스로를 공격한다는 뜻이다.[13] 반면 남성에게서 더 잘 관찰되는 정신장애는 알코올 중독, 약물 중독, 품행장애, 반사회성 성격장애가 있다. 이 역시 남성의 성역할과 밀접하게 연관되어 있다. 증상이 스스로에게 향하기보다는 밖으로 표출된다. 게다가 남성의 음주와 흡연 문제는 여성에 비해 훨씬 더 용인해주는 사회문화적 시각이 작용했을 수 있다.[14]

대표적인 남성의 특징으로 여겨져온 '공격성'을 살펴보자. 우리는 앞서 DSM의 젠더 편향을 살펴보던 중 여성의 공격성이 무시되어왔음을 알게 되었다. 1995년 아동 발달 및 가족 연구 분야의 심리학자 니키 크릭Nicki Crick과 청소년의 공격성에 관해 연구해온 제니퍼 그로트피터Jennifer Grotpeter 박사가 여성과 남성 간 공격성을 표출하는 방식의 차이를 밝힌 덕분이다. 남성은 우월성dominance이나 소유possession에 가치를 두기 때문에 무언가를 얻기 위한 수단으로서 신체적인 공격이나 위협을 하는 방식, 즉 외현적 공격성이라고 불리는 방식을 더 사용했다. 반면 여성은 소속감이나 친밀감에 가치를 두기 때문에 집단 내에서 특정인을 배제하거나 그에게 해를 가하는 것을 용인하거나 나쁜 소문을 퍼뜨리는 행위와 같이 그가 속한집단에서의 관계를 파괴하는 방식, 즉 관계적 공격성으로 명명되는 방식을 더 사용했다.[15] 여기서 이런 질문을 던져볼 수 있다. '성별에 따라 공격성이 다른 방식으로 표현되는 현상은 무엇을 함의하는가?'

아동심리 박사 캐롤린 잔 왁슬러Carolyin Zahn-Waxier는 여성들의 폭력성이 낮은 이유를 성별의 차이가 반영된 사회화와 관련지어 설명한다. 즉 여성은 다른 사람들에게 친절하고 공감하도록 사회화되었다는 것이다.[16] 심리학자 마를레네 모레티 Marlene Moretti 등 많은 연구자 또한 여성들이 다른 사람들을 보살피고, 타인의 평가에 따라 자신을 정의하도록 사회화되었기 때문에 애정에 더 집착하고 관계가 유지되는 선에서 공격성을 표현한다고 설명했다.[17]

여성도 타인에 의해 자존심에 손상을 입거나 배려받지 못하거나 부당한 취급을 받으면 남성과 마찬가지로 분노하고 공격적인 태도를 취할 수 있다. 그럼에도 여성이 생존을 위해 공격성을 드러낼 수 있다고 언급한 사람은 찾아보기 어려웠다. 공격성에 문제가 있는 여성의 수를 실제보다 과소 추정해온 것이다. 이는 장기적으로 사회 전반의 분위기에 영향을 미쳐왔다. 공격성과 관련한 장애에서 여성의 과소 추정은 또다시 고정관념을 강화한다. ADHD의 진단 성비에서 남성이 많은 비율을 차지한다는 통계가 ADHD는 남성의 장애라는 오해를 다시 한번 공고화하는 것처럼 말이다. 남성의 공격성을 생물학적 특성으로 인정하거나 권력의 상징으로 포장할 경우 남성으로 하여금 공격적 행위가 용인되는 것이라는 오해를 불러일으킬 수 있다.

ADHD 증상도 마찬가지다. 견디기 어려운 충동을 발산하고 싶은 욕구는 여성과 남성이 비슷하게 경험하더라도, 허용되는 표현 방식은 각자가 처한 환경에 따라 다르다. 우악스러운 장난과 과장된 행동으로 증상을 있는 그대로 표현하는 여성은 주변으로부터 곧장 제지를 받는다. 그런 이유로 여성은 남들 눈에 띄기 쉬운 충동성이나 과잉행동을 표출하는 대신에 손을 꼼지락거리거나 과장된 방식으로 감정을 표출하거나, 남들이 보지 않는 집에서 폭식하거나 충동구매를 하거나 수다를 떠는 것으로 증상을 표현할 가능성이 높다. 반대로 남성은 오히려 더욱 탈억제적인 증상의 표출을 예상해볼 수 있다.

오랫동안 여자아이와 여성의 ADD, ADHD 연구에 매달린 후 ADHD 여자아이와 여성을 위한 국립센터National Resource Center for Girls and Women with ADHD를 공동 창립하고, 여성 ADHD에 관한 다양한 저술 활동을 해온 심리학자 케슬린 나도Kathleen Nadeau와 소아 전문의 퍼트리샤 퀸도 이를 우려했다. 두 연구자는 여성들이 너무 어린 나이부터 다른 사람들에게 친절하고, 타인들을 즐겁게 해주기 위해 부단히 노력함으로써 자신을 통제하는 법을 배워왔음을 안타까워했다. 이런 사회적 길들이기가 ADHD 여성이 우울감에 취약하도록 만들었다고 강조했다.[18] 사회가 요구하는 성역할에 부합하기 위해 여성들은 무던히 노력해온 것이다.

그러나 사회적으로 기대받는 성 특성과 실제로 갖고 태어나는 개인의 특성은 필연적으로 충돌할 수밖에 없다. 여성을 향한 사회의 기대가 워낙 까다롭기 때문이다. 더욱이 성장함에 따라 환경과 상호작용하며 형성되는 '성격'과 달리, 그렇게 태어나는 '기질'에 더 가까운 ADHD의 증상은 사회가 기대하는 여성적 특성과 정반대에 가깝다.

ADHD 남성 환자들은 증상을 전형적으로 외현화하도록, 다시 말해 겉으로 표현하도록 길러졌다. 공격받으면 맞서 싸우도록, 문제가 생기면 외부 요인을 탓하도록 양육되었다. 그동안 여성들은 부정적인 피드백을 그저 수용하도록, 사회의 성역할에 따르도록, 자기 잘못이 아님에도 사과하도록, 체제와 규범에 순응하도록, 자신을 위한 주장 같은 것은 하지 않도록 길러졌다. 그렇게 성인이 된 여성들은 ADHD로 인한 가장 고통스러운 점으로, 가족과 사회가 자신들에게 기대하는 역할을 잘 해낼 수 없다는 것 때문에 느껴지는 끝없는 불만족, 강박증과 투쟁을 벌여야 한다는 사실을 꼽았다.[19]

남성은 자신이 남성이란 사실을 그다지 의식하며 살지 않는 데 비해, 여성의 자의식은 '독립된 개인'이라기보다는 '여성'으로서의 정체감과 결부된 것으로 알려졌다.[20] 여성으로서의 정체감이 구체적으로 어떤 면들이 조합되어 이루어졌는지 열거하진 않겠지만 이 또한 사회적 기준에 따른 감각일 것이다. 그런 이들이 ADHD 증상으로 인해 자주 듣는 '여자답지 못하다'라는 말은 정체감의 핵심을 뒤흔들어놓는 것처럼 느껴질 것이다. ADHD 여성은 이런 부적절감에서 벗어나 전통적인 성역할에 부응하기 위해 스스로를 억압하고 증상을 감추고 애쓰느라 많은 비용을 치른다. 사소한 일상에도 전투에 가까운 노력을 들이며 살아야 했고, 줄어든 것처럼 보이는 증상과 실제 행복은 다른 차원의 문제였다. 증상 대신 전반적인 안녕감을 희생시켜야 했다. 다른 사람들이 자신의 결핍을 알아채지 못하는 것과 별개로, 자신만은 그 결핍에 대해 잊어버릴 수도, 부적절감을 숨길 수도 없었다. 자신이 다른 사람들과 다르다는 느낌, 원하던 모습과 거리가 멀다는 생각은 스스로에게 가장 비우호적인 사람으로 만들 뿐이었다.

여성이 성역할을 습득하는 방식

여성들이 전통적인 성역할을 그동안 어떻게 습득해왔는지 조금 더 자세히 살펴보자. 여자아이라고 배 속에서 나올 때부터 엄마의 산통에 너무 공감한 나머지 '여성' 특유의 공감성을 자랑하듯 울음을 터뜨리며 나오는 것은 아니다. 1989년 베벌리 파곳Beverly Fagot과 메리 레인바크Mary Leinbach의 연구에 따르면, 부모는 아이가 생후 24개월경부터 성별에 적합한 행동에 차별적인 강화를 제공한다고 한다. 차별적인 강화란 성별에 적합한 행동을 할 때 애정과 관심, 칭찬 같은 보상이 주어지지만, 전통적인 성역할과 부합되지 않는 행동에 대해서는 무관심하는 등 그 행동을 지속할 만한 동기가 주어지지 않는 반응 유형을 말한다.

그렇다면 아이의 성별에 따른 부모의 반응을 살펴보자. 위의 연구에서 연구자들은 아이가 나무를 오를 때 아이 성별에 따른 부모의 반응을 확인하는 실험을 진행했다. 부모는 남자아이가 나무를 기어오르는 것을 보고 자연스럽고 당연한 일이라고 여기며 기특하다는 식의 웃음을 지었다. 하지만 여자아이가 동일한 행동을 했을 때는 인상을 찌푸렸다.[21] 부모의 표정을 본 남자아이는 그 미소가 허용과 지지를 의미한다는 걸 알고 더 씩씩하고 용감하게 세상을 탐구할 동기를 얻는다. 반면 여자아이는 부모의 굳은 표정을 알아챈 즉시 설명하기 어려운 수치심과 무안감, 당혹감을 느끼고, 허용되지 않은 행동을 했다는 사실을 깨닫는다. 여자아이는 자신의 행동으로 인해 부모의 애정이 감소될까 두려워하고, 부모의 표정을 통해 나무 위로 올라가는 행동이 위험하다는 사실을 깨닫고 이와 비슷한 행동을 할 때 불안을 경험하는 것을 학습하게 된다. 남자아이들이 새로운 모험을 하며 경험을 쌓아갈 동안, 여자아이들은 세상을 탐구하는 일에 대한 불안에 집중하게 될지도 모른다. 게다가 이러한 성역할에 대한 이해와 습득은 우리가 상상하는 것보다 훨씬 이른 연령부터 시작된다.

물론 아이들이 이런 경험만으로 성역할을 학습하기는 어렵다. 문제는 이런 경험이 여자아이들에게는 생에 걸쳐 반복된다는 것이다. 표정의 변화 같은 간접적이고 미묘한 방식뿐만 아니라 거칠고 노골적인 방식으로 성역할을 반복적으로 강요받는다. 브루스 카터Bruce Carter와 로라 맥클로스키Laura McCloskey의 연구에 따르면, 보호자가 아닌 양육자나 교사에게서도 성별에 따른 차별적인 반응이 발견되었다. 보모들은 남자아이들의 자기주장적 행동이나 요구에는 긍정적 반응을 보이는 반면, 여자아이들의 이런 행동에 대해서는 명백히 무시하는 모습을 보였다. 보육원에서 관찰한 결과, 만 1세 무렵에는 장난감을 던지고, 발로 차고 미는 등의 자기주장적 행동의 빈도가 성별에 관계 없이 비슷했지만, 1년 후 남자아이들은 여자아이들보다 훨씬 높은 빈도로 거친 자기주장적 행동을 나타내는 것이 확인되었다.[22]

아이들이 성 고정관념에서 자유롭게 성장하기를 소망하는 부모와 교사는 이런 환경을 조성하지 않기 위해 노력을 기울인다. 어떤 경우는 그 소망에 부응하는 유연한 성역할을 습득한 여성 또는 남성으로 성장하는 데 성공하지만, 많은 경우 주변 어른들의 세심한 노력이 무색하게 공주 옷을 고집하는 여자아이,

로봇 흉내를 내는 남자아이로 성장해 허탈감을 안겨준다. 성역할을 내면화하는 과정에서 각자가 경험하는 경로는 다양하므로 미리 염려하거나 조급해하지 않아도 된다. 우리가 기억하고 주의해야 하는 것은 아이들은 누가 가르쳐주지 않아도 자신의 성과 관련한 정보를 적극적이고 자발적으로 흡수해나간다는 점이다.

아이들은 여자 혹은 남자로 구분하는 주변의 방식으로 관찰하고, 성별에 따라 적절하다고 간주되도록 행동하는 법을 배운다. 자신의 성을 분별하는 그 순간부터 성별에 따른 정체성을 형성한 뒤, 자신을 둘러싼 환경에서 자기 성별에 적합하다고 규정된 일련의 가치관과 사회적 합의에 발맞추기 시작한다. 나무를 오르는 아이의 성별에 따른 부모의 반응에서 확인할 수 있듯이, 아이들은 자신의 행동 또는 자신과 일치하는 성별인 사람의 행동 뒤에 어떤 반응이 뒤따르는지를 관찰하면서 성역할을 배운다. 어떤 행동을 했을 때 A상황에서는 보상을 받았던 반면 B상황에서는 벌을 받았다면, 특정한 행동이 허용되는 상황과 허용되지 않는 상황이 있음을 학습함으로써 두 상황을 변별하게 된다. 그렇게 자신의 성에서 바람직한 것으로 여겨지는 특성과 일치되도록 노력할 것이다.

여자아이들은 경쟁하고 쟁취할 때보다 포기하고 돌아설

때 '양보를 잘한다', '희생정신이 있다'는 칭찬을 받는다. 자신의 생각을 주장하기보다 다른 이의 의견을 따르고 수동적인 공감을 표현할 때 주위의 관심을 받는다. 그 결과 여자아이들은 뛰어난 사회성과 배려심, 의존적 성격 등의 특성을 내면화할 가능성이 높다. 남자아이의 경우는 어떨까? 친구에게 자기 물건을 빼앗기고 돌아온 남자아이는 어른들이나 주변 사람들로부터 '도로 빼앗아 오라'는 다그침을 받는다. '여자아이같이' 울거나 크게 웃고 우울해하는 모습을 보이면 주위의 걱정을 듣는다. 다른 사람의 기분을 살피면 소심하게 눈치를 살핀다고 비웃음을 산다.

이처럼 우리는 성별과 관계되는 특성들을 강화받으며 성장한다. 성별에 따른 생물학적 차이가 아니라 '사회적 강화'에 의해 여자아이는 '여자아이답게', 남자아이는 '남자아이답게' 자란다. 여자아이들이 자신의 증상을 눈에 띄지 않는 방식으로 표현하게 만든 데에는 '순응하라'는 사회적 압박이 깔려 있다는 의심은 신빙성이 있다. '여자아이가 목소리를 크게 낼 줄 알아야지', '나가서 씩씩하게 뛰어놀아야지', '모험심이 많구나', '누구나 다치면서 크는 거야', '네 건 네가 지켜야 해'……. 여자아이들도 남자아이들처럼 이런 말을 듣고 자라는 세상이 올까? 그런 세상이 온다면 ADHD를 진단받은 아이들이 성별에 따라 다른 증상을 발현하는 일은 없을지도 모른다.

어떤 연구자들은 성별에 따른 심리적 특성을 지위에 의한 것으로 설명한다. 전형적인 여성의 특성으로 여겨지는 수동성, 감수성, 의존성이 어떤 문화에서는 남성의 전형성으로 여겨지고, 그 문화의 위계에서 우위를 점하는 성은 여자임을 근거로 들었다.[23] 남성성과 여성성이 절대적인 개념이 아닌, 위계와 관련해 '만들어진 것'이라는 의미다. 예를 들면, 우리 주변에서 황당한 이유로 만들어진 성별 고정관념을 쉽게 확인할 수 있다. 남자 색깔, 여자 색깔 같은 것 말이다. 여성은 파란색보다 분홍색을 좋아하는 유전자를 갖고 태어나지 않았다. '문명이 시작되기 이전, 붉게 익은 열매를 채취하는 데 유리하도록 여성의 뇌가 색깔과 관련된 정보, 즉 열매의 빛깔인 붉은색과 관련한 자극과 단서에 더 민감하게 반응하고 또 선호하도록 진화했다'[24]는 진화론적 설명을 읽었던 기억이 있다. 그러나 지금 성차를 진화론적 관점에서 설명하려는 시도는 더 이상 매력적으로 다가오지 않는다.

사실 '여자아이=분홍'의 역사는 무척 짧다. 파올로 프라사니토Paolo Frassanito와 베네데타 페토리니Benedetta Pettorini가 연구한 바에 따르면, 1900년대 초반까지만 해도 통념상 분홍은 남자, 파랑은 여자아이의 색이었다. 파랑이 좀 더 섬세하고 얌전한 색이라고 받아들여졌기 때문이다.[25] 성별에 따른 색상의 선호가 뒤바뀐 건 패션계의 상업적 목적에 따른 것이라는 분석이 가장 그럴듯하다. 이에 영향받은 어른들이 여자아이들에게 분홍색 물건을 더 자주 선물하고, 여자아이들은 노출 효과로 인해 분홍색을 선호할 가능성이 높은 것이다. 여자아이들이 파랑 옷을 입었을 때보다 분홍 옷을 입었을 때 예쁘다는 말을 더 많이 듣고, 주변의 더 많은 관심으로 보상을 받았을지도 모른다.

의존적인 여성에 대한 사회의 환대

흥미로운 연구가 있다. 여성의 경우, 신생아기 혹은 영아기 때부터 주변의 과잉보호를 받아서 의존성이 과도하게 발달했다는 논지의 연구다. 부모는 영아기의 여자아이, 남자아이의 울음의 의미를 달리 해석하는 경향이 있었다. 남자아이가 울면 '화가 나서'라고, 여자아이가 울면 '두려워서'라고 이해했다. 아기들의 감정에 대한 반응도 달랐다. 여자아이가 울거나 짜증을 내면 당장 달려가 더 자주 보살펴주는 데 반해, 남자아이의 감정 반응에는 보살핌을 덜 제공했다.[26]

이런 과정을 거치며 성장한 남자아이들은 자신의 감정을 표출했을 때 별다른 이점이 없음을 이해하고 감정과 욕구를 제

어해나가는 방법을 터득한다. 한편, 여자아이들은 울음을 터뜨리는 것이 곧 위안을 가져다준다고 학습하게 되면서 보호자에게 더 의존하게 된다. 이렇게 형성된 여자아이들의 의존성은 성장하면서 줄어들 가능성이 적으며, 심지어 자립과 자율성보다 다른 사람에 대한 관심과 이해력, 눈치가 더 발달하게 된다. 이는 어른들의 요구를 짐작하고 그에 부응하는 데 이용된다. 여자아이는 어른들의 도움을 필요로 하도록 성장했으니 '다른 사람에게 의존하기'에 쉬운 쪽의 자원만 개발되는 것이다. 여성들의 간접적인 의사소통 방식, 수동적인 공격 방식은 불필요한 피로를 유발한다고 종종 비난받지만, 이는 사회의 요구로부터 생존하기 위해 만들어졌다. 자립 대신 구원을 갈망하는 여성을 비난할 수 있는 사람은 없다.

여성에게 자립의 기회만 주어진다면야 못할 것은 없다. 루스 쿤드신Ruth Kundsin은 저서 《여성과 성공Women & Success》(1974)에서 성공한 여성들을 인터뷰한 결과, 성공한 여성들의 42퍼센트가 여대를 졸업했음을 확인했다. 이들은 남녀공학에 다니는 학생으로서는 경험하기 어려운 지도적 위치가 자신들에게는 주어졌으며, 이 덕분에 지도력과 창의력도 개발할 수 있었다고 답했다.[27]

자립의 기회가 중요하다는 것은 사회 행동에서 성차에

관한 심리학 연구 결과를 통해서도 알 수 있다. 이에 따르면 남성은 행위 주체적이어서가 아니라 상황적 요소들이 남성으로 하여금 리더십이 있고 자기주장이 강하며 공격적이게 만든다고 해석하는 것이 더 적절하다. 여성도 마찬가지로 그럴 필요가 있는 상황에서는 자기 능력을 발휘하고 자기표현을 할 수 있다. 결국 사회 행동에 영향을 미치는 요소는 행위자의 성별이 아니라 상황적 맥락인 것이다. 여러 연구자는 이 점을 공통적으로 지적하고 있다.[28]

심리학·정신의학에서의 여성 혐오

남성 중심적 관점

심리학과 정신의학에서 젠더 편향은 더 이야기되어야 한다. 우리가 이미 알고 있듯이 남성 지배적 관점이 사회 구석구석에 뻗어 있다. 정신건강 분야도 예외는 아니다. 정신의학과 심리학이 탄생한 시점부터 남성은 권위자로서 학계를 지배했고, 여성은 돌봄이 필요한 환자로 지목되어 보살핌을 받거나 미치광이

취급을 받으며 폐쇄 병동에 감금되었다.

특정 심리와 정신, 행동이 '정상normal'에서 벗어나 '이상abnormal'으로 구분되려면 몇 가지 조건이 필요하다. 측정 가능한 심리적 특성이 통계적 기준에서의 정상 범위를 벗어나거나, 주관적인 고통과 부적응의 정도가 극심하거나, 사회문화적 규범에서 현저히 이탈되어야 한다는 것이다. 마지막 조건의 경우, 사회문화적 규범은 시간에 따라 변이된다는 점과 문화적 상대성이 함께 고려되어야 한다.

다시 말해, 정신장애란 문화적으로 허용되는 반응 범위를 (과도하든 과소하든) 넘어선다는 개념을 포함하므로, 당시 사회문화를 고려해야 한다는 말이다. 다만 과거에도 현재에도 사회문화와 규범을 만들고 정상성을 규정하는 일에는 남성들이 관여하므로 남성적 가치관이 정상성의 기준으로 편향된다는 점은 문제적이다. 여성은 남성의 가치 판단으로 세워진 정상성의 기준에서 벗어나지 않기 위해 애써야 했고, 지금도 애쓰고 있다.

심리학과 정신의학 분야에서도 여성 혐오의 역사가 깊다. 치료자들은 나름대로 이타적인 목적을 내세우며 자신들이 생각하는 '광기 어린' 여성들을 '건강한 상태'로 되돌리려고 노력했으나, 안타깝게도 그들은 여성의 심리적·정신적 '건강'을 정의 내리는 단계에서부터 틀렸다. 1990년 심리학자이자 성 고정관념에 관한 연구로 유명한 심리학자 잉게 브로버만Inge Broverman 등이 진행한 연구에서 확인할 수 있듯, 심리학·정신의학의 발전 초기에 치료자들이 생각한 '건강한 여성'이란 이런 것이다.

> 건강한 여성은 더 복종적이고, 덜 독립적이고, 덜 모험적이며, 더 쉽게 영향을 받고, 덜 공격적이고, 덜 경쟁적이며, 사소한 위기에도 흥분을 잘하고, 쉽게 마음의 상처를 입고, 더 감정적이며, 자신의 외모에 더 우쭐하고, 객관성이 부족하고, 수학과 과학을 싫어한다는 측면에서 건강한 남성(따라서 건강한 성인)과 다르다.[29]

처음 여성의 건강에 대한 묘사를 읽었을 때는 충격을 받다 못해 분노가 솟구쳤는데, 지금 다시 읽어보니 영 시큰둥하다. 겉으로는 아닌 척 쉬쉬하지만 사회가 여전히 은밀한 방식으로 여성들에게 요구하는 것들을 머릿속에 떠올린다. 1970년대에 쓰인 이 문장들이 낯설지 않은 건 그 때문이다. '더 복종적', '덜 독립적', '덜 모험적', '덜 공격적', '덜 경쟁적'. 2020년대를 살아가는 여성들 또한 이 같은 단어들에서 벗어나 진정한 자기를 드러

내려면 큰 용기를 내야 한다. 감수해야 할 것들이 있기 때문이다. 위의 문장을 읽은 누군가가 "그래도 과거처럼 '건강한 여성'의 범위에서 벗어난다고 해서 타의에 의해 정신병원에 갇히는 것은 아니지 않느냐"라고 반박하고 싶다면, 그것도 글쎄다.

1970년대나 지금이나 '정신이 건강한 성인'은 '정신이 건강한 남성'과 동일시된다. 즉 건강한 정신의 표준은 남성의 전형적인 특성을 가리키며, 여성의 특성은 결핍이나 우스운 것으로 묘사된다. '여자 같다', '계집애 같다'라는 표현이 남성을 모욕하거나 조롱하는 목적으로 사용되는 것을 떠올리면 쉽게 이해가 간다. 남성은 목소리 톤을 높게 내는 것만으로도 남성들 사이에서 웃음거리가 된다. 다른 의미를 부여할 것도 없다. 여성적인 것은 결함 있고 미완성이라는 견고하고 암묵적인 합의 아래 그들은 웃는다. 여성은 출생과 동시에 '남성이 아닌 존재'로 받아들여진다. 지배 집단인 남성이 정해놓은 까다로운 심사 과정을 통과해야만 그나마 건강한 '성인'이 아닌 건강한 '여성'으로나마 인정받는다.

그렇다고 그들이 정해놓은 바람직한 여성성에 지나치게 일치하는 것도 위험하다. '자신들이 허용한 수준에 비해' 더 복종적이고, 더 독립적이지 못하며, 더 쉽게 영향을 받고, 더 감정적인 여성이 그들 눈에 어떻게 보이겠는가? 단숨에 미성숙하고 신경쇠약에 걸린 여자 취급을 받는다. 정신건강 관련 분야에서 처음으로 젠더 편향의 이슈를 제기한 임상심리학자 바바라 캐플런Barbara Kaplan은 여성이 성역할 고정관념에 지나치게 순응하면 건강하지 못한 성인으로 간주되고, 남성에게 기대되는 행동을 하면 건강하지 못한 여성으로 간주되는 상황에 놓이게 되는 이중 구속 자체가 여성의 정신건강에 해롭다고 보았다.[30]

한편, 여성의 부적응적인 모습을 과소 추정하는 것과는 정반대의 상황이 펼쳐지기도 한다. '의존성 성격장애'의 진단 기준이 그러하다. 청년기에 주로 나타나는 의존성 성격장애는 돌봄을 받고자 하는 욕구가 광범하고 지나침을 특성으로 한다. 또한 복종적이고 상대에게 매달리는 행동을 보이며, 이별 공포를 경험한다. 그런데 이를 진단하는 기준이 의아함을 자아낸다. 남성이 표현하는 병리적 의존성은 배제되고, 여성이 의존성을 표현하는 방식만을 포함하고 있기 때문이다.

예를 들어, 여성은 혼자일 때보다 결혼을 했을 때 심리적 장애의 비율이 더 높다. 반대로 남성은 결혼했을 때보다 독신일 때 심리적 장애의 비율이 더 높다. 또한 집을 관리 및 유지하거나 자녀를 직접 보살피는 대신 타인에게 의존하고, 배우자와 사별한 후 가정을 돌보아줄 새로운 배우자를 찾는 경향을 보인다. 이러한 남성의 모습은 과도한 의존성을 반영한다. 하지만 남성의 의존성은 정신건강 영역에서는커녕 일상에서조차 거의 논의되지 않는다. 여성들에게서는 병리적인 증상으로 여겨지는 의존성이 남성들에게서는 건강하지 못한 것으로 간주되지 않고 사회적으로 용인되고 있는 셈이다. 이를 암시하는 연구는 이미 1970년대에 이루어진 바가 있다.[31]

DSM은 의존성을 바람직하지 않은 특성으로 여기고 이런 의존성에 대한 책임을 여성에게 전가하는 반면, 남성의 의존적인 특성은 배제한다는 점에서 비판받아왔다.[32] 여성의 상호의존성이나 서로에 대한 관여를 '엉켜든다'거나 '과잉 간섭'이라고 이름 붙임으로써 문제 삼았던 한편, 남성의 관여 부족이나 권력 남용에 대한 책임은 묻지 않았다.[33] 진단 기준이 전통적으로 사회화된 여성적 특성들과 유사하다는 인상을 지울 수 없다.

기억나는 사건 하나가 있다. 2018년과 2019년, 여러 지자체에서는 40~60대 저소득층 남성과 독거노인에게 반찬을 배달해주는 지원 사업을 펼쳤다. 그런데 특정 지역의 지자체에서 지원 대상에 거동불편자를 비롯해 남성 저소득층과 남성 독거노인을 포함했으나, 중년의 여성 독거인은 제외해 논란이 되었다. 이에 지자체 관계자는 “여성들은 사회참여도 상대적으로 높고, 요리를 할 줄 알아 영양결핍이 덜하다”라고 설명하며, 2016년 서울시 고독사 사망자 중 남성 비율이 85퍼센트를 차지한 것을 이 지원사업의 근거로 들었다.[34] 남성은 생존에 필요한 최소한의 자기 돌봄 행위를 어머니나 아내 또는 자식에게 의탁해온 터라 혼자 살게 될 경우 고독사에 이르기 쉽다는 말이다.

그렇다면 남성이 고독사에 이르는 이 일련의 과정이야말로 병리적 수준의 의존성으로 인식해 주목해야 하지 않을까? 집 밖으로 나와 말동무를 찾고, 자신이 받을 수 있는 국가의 지원을 요청하고, 다른 이들과 정보를 공유하며 삶을 이어나가는 비슷한 처지에 있는 중년 여성들과는 너무도 다른 삶의 양상을 보이기 때문이다.

이 대목에서 우리는 ‘정말 여성의 의존성이 문제인가’라고 묻지 않을 수 없다. 오히려 남성에게서 의존성과 관련한 이중적인 문제가 관찰되기 때문이다. 남성은 자신의 일상을 돌보는 영역에서는 지나치게 의존적인 반면, 제도적 장치나 타인과의 관계를 통해 생존해야 하는 상황에서는 적절히 의존하는 방법을 모르는 것처럼 보인다. 남성의 의존성에 대한 논의가 심리·정신건강 영역에서 배제되지 않았더라면 이야기는 달라졌을 것이다.

☑ 심리학·정신의학계는 왜 변화하지 않았을까

☑ ADHD 여자아이는 어떤 여성으로 자랄까

5장

우리가 잃어버린 소녀들의 미래

ADHD 여성들이 이토록 곤란에 처해 있다는 사실을 심리학·정신의학계가 인지한 지도 벌써 수십 년이 지났다. 아쉽게도 그동안 ADHD 여성에 관한 연구나 진단, 치료 문제에서 두드러지는 개선이 없었다.

임상심리학자가 되기까지 그동안 나는 개인의 내면 문제에 초점을 두도록 교육받아왔다. 그 밖의 문제는 다른 영역의 전문가에게 맡겨야 하는 것이었다. 하지만 개인의 내면과 내면 밖에서 벌어지고 있는 일을 어떻게 분리하겠는가? ADHD와 같은 취약성을 공유하는 집단에서도 더 나은 환경에 있는 사람은 잘 적응하고 높은 기능을 보이며 다른 정신장애가 발현되지 않을 가능성이 더 높다. 어떤 환경에서도 적응할 수 있도록 개인의 내면을 변화시키는 일이 심리학의 역할이라는 점은 이해한다. 하지만 곰곰이 생각할수록 납득이 되지 않는다. 인간의 건강과 취약, 정상과 비정상의 책임을 왜 개인에게만 묻는 걸까?

심리학·정신의학계는 왜 변화하지 않았을까

정신건강 진단 기준인 DSM은 의학적 모델에서 발달했다. 이것의 토대가 되는 질병 모델은 고통을 질병이나 장애로 보고 장애의 외적 원인을 탈맥락화한다. 문제의 근원을 환경적 스트레스 요인에 위치시키는 진단적 범주는 거의 없다. DSM은 문제의 소재를 개인에게 부과하고, 성차별적이거나 억압적인 환경에 대해서는 관심이 거의 없거나 전혀 없다. DSM을 사용하는 것은 곧 정신건강 전문가로 하여금 일차적으로 개인의 내적 병리를 진단하는 데 집중하게 한다. 선행 연구자들은 DSM이 정신병리의 원인을 개인의 내적인 부분이나 행동에 초점을 두었기 때문에 '여성'이 겪게 되는 사회문화적 요인들의 정신장애에 대한 영향력을 간과한다고 본다. 이는 여성들의 정신장애를 거시적인 관점에서 이해하지 못함으로써 결과적으로는 지금의 정신장애의 기준에서 젠더 편향을 유지, 강화했다.[1]

나는 심리학, 정신의학이 더 인간 중심적이길 바란다. 그리고 '인간'의 범위 안에 여성이 포함되길 원한다. 여성이 불안정한 감정을 표현할 때도 마찬가지다. 그의 미성숙함을 탓하거나 그가 얼마나 히스테리적이고 연극적인지를 은근하게 힐난하며 성격장애라는 딱지를 붙이고 상황을 종결시키는 것이 아니라(성격장애 진단을 내리는 순간 그가 느끼는 고통의 대부분이 그의 성격 문제로 귀결된다), 세상이 그를 얼마나 불안하게 만들었는지, 사회구조가 그에게 얼마나 위협적인지, 편견과 혐오가 그를 어떻게 흔들었는지 알아봐주길 바란다. 그가 도움을 요청할 만한 곳이 적었음에도 불구하고, 지금까지 어떻게 살아남았는지 살펴봐주길 바란다.

정신장애 연구에서 가장 먼저 하는 일은 남성과 여성 피험자 수의 균형을 맞추는 일이어야 한다. 여성과 남성은 결국 똑같은 인간이니 호르몬 변화가 심한 여성보다는 남성의 결과를 일반화하는 것으로 하자는 제안은 비판받아 마땅하다. 교사와 부모가 여자아이들의 문제쯤은 자기들 선에서 충분히 해결할 수 있겠다는 오해는 부디 풀어주길, 치료제가 여성에게는 덜 효과적일 거라는 근거 없는 막연한 기대가 세상에서 사라지길 바란다. 여성을 배제한 역사로 인해 여성이 불공평을 경험하는 일이 다시는 없기를 바란다. 부디 그런 날이 와서 내가 여성의 심리나 정신병리가 아니라 인간 심리에 대한 이야기를 할 수 있길 고대한다.

ADHD 여자아이는 어떤 여성으로 자랄까

부정적인 자기상

'자기상self-image'이란 생활 전반에 걸친 자신의 경험과 스스로에 대한 생각 등의 총체로,[2] 가족이나 친구와의 관계, 그 속에서 내 위치와 역할, 충동을 조절해본 경험, 새로운 상황에서 적응했던 기억, 학교에서 나의 적응도 같은 여러 사회적 차원에서의 기능을 통해 명확해진다.[3] 하루 대부분의 시간을 학교와 학원에서 보내는 아동·청소년기의 경우 교실에서의 적응도가 자기상 형성에 큰 영향을 미친다.

아이들은 학교에서 교육받고 친구들과 직접 부대끼며 사회성을 익힌다. 하지만 ADHD 환자에게 학교란 모든 사소한 구석까지 구조화된, 복잡한 규칙과 불필요한 처벌로 돌아가는 가혹한 곳이다. 이러한 곳에서 겪는 부적응 문제는 유치원에 다닐 때부터 시작되었을 가능성이 높다. 한자리에 앉아 있는 걸 어려워하고, 간식을 받기 위해 줄을 설 때조차 산만하기가 이를 데 없다. 선생님 손에 잡혀 교실 구석에 끌려가 주의를 받는다. 조용히 앉아 다른 생각에 빠져 있다가 알림장을 제대로 받아 적지도 못한다. 그로 인해 숙제와 준비물을 제대로 챙기는 일도 드물다. 시험을 칠 때는 이미 몇 번이나 풀어 답을 아는 문제인데도 틀린다. 반복되는 실수와 잘못에 주눅 들고, 부모와 선생님의 눈치를 보며 점점 소심해진다. 과잉행동형이든 부주의형이든 ADHD 환자들은 가족, 교사, 친구 들의 비난을 견디며 성장한다.

초등학교 3학년 때 선생님은 나를 교실 맨 앞으로 불러 이렇게 말했다. "선생님은 지수를 그렇게 안 봤는데, 아주 실망했어." 나만의 이야기는 아니다. ADHD 환자들은 주변으로부터 이런 평가를 받는 일이 부지기수다. 이런 경험들을 통해 수집한 정보를 바탕으로, 우리는 자연스레 스스로에 대한 결론을 낸다.

'나는 원래 매일 잘못하는 사람이야.'

'나는 비난받아 마땅해.'

'내가 하는 말은 다 틀려.'

'또 지각했네. 내가 그렇지 뭐.'

'난 어차피 머리 나빠서 이해 못하잖아. 아니, 안 할래.'

'내가 하면 망치는데 그걸 내가 왜 해.'

'내가 손대는 건 다 망가져.'

'사람들이 나를 못 믿는 게 당연하지.'

'나도 나 안 믿어.'

'내가 하면 어차피 망칠 텐데, 그냥 대충하자.'

'다들 내가 유별나다고 말하지. 그래, 난 유별난 사람이야.'

ADHD 환자의 경우, 가족·친구 관계에서 어려움을 겪고 늘 문제아 역할을 차지해온 데다가, 충동을 조절한 경험도 적다. 다양한 상황에서의 부적응에 익숙해지면서 이런 부정적 자기상을 갖기 쉽다. 부적절감은 대부분 생애 내내 지속되고, ADHD와 연관된 그 어떤 난제들보다 심리적 손상과 정신건강 문제에 더 중요한 원인이 된다.[4]

여성의 경우, 이런 부적절감을 비롯한 부정적인 기분과 자기 비난, 즉 자기 의심과 정체감 문제는 여성주의 심리학계에서 내내 다루어온 주요 주제다. 모든 문제를 자기 탓으로 느끼고 스스로를 비난하는 행위로부터 ADHD 여성들을 해방시키기 위해서라도 빠른 진단은 필수다.

정체감의 불명확성

자기상이든 자존감이든 간에 일관되고 안정적인 정체감이 가장 중요하다고 주장하는 연구자들도 있다. 안정적인 자아 정체감은 개인이 경험하는 다양한 지위와 역할에 관계없이 연속되고 일관된 모습을 가지는 것을 가리킨다.[5] 즉 자신에 대한 기대 수준이 기복 없이 낮다면 목표를 낮게 잡고, 그 이상이라면 도움을 요청하거나 마음의 준비를 하면 된다. 부정적인 자기상보다 불명확한 정체감이 더 문제다.

ADHD 여성의 경우 자신의 역량을 발휘할 때마다 그 결과의 기복이 심하다. 어떤 날은 쉽게 대처했던 문제가 또 다른 날은 어렵게 느껴져서 그에 압도당한다. 주어진 일을 얼마나 잘 해낼 수 있는지 예측하고, 비슷한 상황에서도 같은 결과를 낼 수 있다고 기대하기가 어렵다. 자기 자신에 관한 정보의 변동성이 많다 보니 사고가 일관적이지 못하거나 모순됨으로써 자아정체성 형성에 어려움을 겪는다. 스스로가 어떤 사람인지 확신할 수 없는 것이다. 안정적인 정체감이 부재한 사람은 공허함을 느끼고 불안해한다. 이러한 감정은 두려움으로 이어진다. 두려움은 육체와 정신이 만약의 위험에 대비하게 도와주지만, 그 또한 과도해지면 객관적으로 세상을 바라보기보다는 부정적인 측면에 몰입하게 만든다. 긴장을 풀기 어려운 상태가 지속되는 것이다. 그럴 경우 상황이나 자기 자신에 대한 긍정적인 면들을 무시해버리기 쉽다.

요즘이야말로 자기만의 취향이나 취미로 '나'를 표현하는 시대다. 적어도 '나는 ~에 관심이 많아'와 같은 안정적인 자기 정보 하나쯤은 누구나 가지고 싶어 한다. 취향 또는 취미로 나를 설명하고 싶은 것이다. 그러나 ADHD 여성 환자는 그조차 어렵다. 좋아하는 일에도 금방 흥미를 잃어버리는 ADHD의 특성 또한 정체감의 혼란을 가중시킨다. 진득하니 시간을 투자하고 관심을 기울여야 비로소 자기만의 취향이나 취미가 형성되는데, ADHD 증상이 이를 방해한다. 어디서부터 어떻게 시작해야 하는지 막막해 다른 사람의 취미와 취향을 모방해보지만 쉽지 않다. 무언가를 열렬히 좋아하는 척하고, 타인의 SNS를 뒤적거리며 괜찮아 보이는 취향을 따라해봐도 불안정한 정체감으로 밀려드는 공허감을 달랠 수 없다.(그의 관심을 오래 끌 가능성도 적다.) 불안정이야말로 우리의 정체성일지 모른다.

체념

나는 '남들과 다르다'는 이유로 상처를 받거나, 위축되고 좌절하는 일이 적었다. 유아기부터 성장기를 지나 지금까지 함께한 부정적 자아상에 너무도 익숙했기 때문이다. 학창 시절에는 특히 더 그랬다. 어제도 40명 중에 나 혼자 지각했고, 그제도 나 혼자 교실에서 쫓겨났으며, 지난 시험에서도 35등을 기록했으니, 새삼 오늘 또 지각했다고, 교실 밖에서 벌을 받았다고, 성적이 나쁘다고 충격을 받거나 속상해하는 게 더 어색하게 느껴졌다.

물론 우울하고 힘에 겨운 날도 많았다. 하지만 그건 스스로에 대한 의구심보다는 주변의 반응 때문이었다. 어른들은 늘 나의 말이나 행동에 어떤 다른 의도가 있는 것은 아닌지 의심했다. 지금 생각해봐도 학창 시절 만났던 선생님들이 너무하다 싶다. 초등학교 6학년이 조회 시간에 발장난을 좀 했다고 '머리에 똥만 찼느냐'고 말해도 되는 건가? 철없는 열일곱이 파마를 하고 등교했다고 '너 밤일 다니냐'는 말을 해도 되는 건가? 수업 시간에 짝꿍이랑 이야기 좀 했다고 때린 선생님도 있었다. 엎드려 뻗쳐를 시키고는 발길질을 한 것이다. '왜 치마에는 자국이 잘 남지 않는 거냐'라며 선생님은 내 교복 위에 자기 신발 자국이 선명하게 남을 때까지 나를 걷어찼다. 체벌 받을 때 느껴지는 육체적 아픔은 견딜 만했다. 오히려 나를 향한 주변의 불신이 주는 정신적인 공포가 더 고통스러웠다. 그들의 폭력적인 말과 행동은 나를 긴장과 공포 속으로 밀어 넣었다.

만성 정신장애 환자들은 종종 자기 보고식 심리 검사에서 안녕감을 유지하고 있는 이들과 다를 바 없는 평균적인 수준의 고통감을 보인다. 일상이 망가진 지 오래되었고, 사랑하는 사람들은 모두 자기를 떠났으며, 미래에 대한 희망을 찾기 어려운 절망의 한가운데 있는 것처럼 보일 때도 말이다.[6]

이런 상황에서 보이는 극심한 고통감의 부재는 이들이 얼마나 오래 고통을 끌어안고 살아야 했는지를 방증한다. 이미 만성적인 고통에 둔감해져버린 상태일 가능성을 배제하기 어렵기 때문이다. 고통은 당연하고, 힘듦은 익숙하다. 이따금 좋은 기분을 느끼면 되려 어색하고 불편하다. 다른 사람들은 이 들뜬 기분을 하루에도 몇 번씩 느끼며 산다는 것을 믿기 어렵다. 기쁨은 내 것이 아닌 것 같다면서 다시 고통 속으로 돌아가려 할 수 있다. 익숙함이 주는 안정을 되찾고 싶은 거다. 그들은 나아지길 기대하기보다 더 나빠지지 않기를 소망한다. 그 편이 실망감을 줄여준다고 생각하기 때문이다. 나만 해도 그렇다. 긍정적인 자기상을 갖고 싶다는 마음 따윈 없었다. 그보다는 못난 내 모습이 가장 편하다.(아무런 기대도 없는 상태가 얼마나 좋게요?)

물론 그때는 그랬다는 말이다. 부정적인 자기상이 가능성이나 기회, 희망, 소망, 기대 같은 것들을 파괴하고 있다는 사실을 알지 못했으므로, 그때의 나와 우리는 스스로에게 정말 무엇이 좋고 나쁜지를 판단할 수 없다.

자기효능감

자기효능감이란 설정한 목표를 이룰 수 있다는 자기 능력에 대한 판단과 믿음을 말한다. 실패를 경험할수록 자기효능감은 낮아지고, 성공 경험을 할수록 높아진다. 보통은 믿음의 수준이 저조한 정도만 아니면 일에 착수할 여력이 생긴다. 그러나 자기효능감이 저조한 이들의 경우는 다르다. 결과를 얻기 위해 요구되는 행동을 얼마나 잘 조직할 수 있고, 이를 성공적으로 해낼 수 있는가를 가늠하는 단계에서 포기해버린다. 도전하기도 전에 말이다. 나의 학창 시절 또한 그랬다. 정상 범위에 드는 수준의 자기효능감을 유지하는 일은 불가능에 가까웠다. ADHD 여성들이 직면한 이러한 종류의 어려움은 심각하고 광범위하고 장기적인 것이다.

학습된 무기력

마음을 좀먹는 정신질환·정신장애 증상들은 사람을 무력하게 만든다. 우울증의 원인을 설명할 때 언급되는 '학습된 무기력'이 그렇다. 학습된 무기력은 자신의 힘으로는 극복하거나 피할 수 없는 환경에 반복적으로 노출되는 과정에서 무력감을 학습한다는 것이다. 자기 자신이 상황을 통제할 수 없음을 배우면서 '무력'에 익숙해진다. 그 때문에 충분히 능력을 발휘할 수 있는 상황에서조차 문제를 해결하려고 시도하기보다는 단념하고 좌절한다.

심리학자 마틴 셀리그먼Martin Seligman이 진행한 학습된 무기력 실험이 있다. 강아지 스물네 마리를 여덟 마리씩 세 집단으로 나눠 상자에 넣었다. 세 번째 상자를 제외한 첫 번째, 두 번째 상자 안의 강아지들에게 전기충격을 가했다. 이때 첫 번째 상자에 있는 강아지들은 코로 조작기를 누르면 전기충격을 멈출 수 있던 반면, 두 번째 상자에 있던 강아지들은 몸이 묶여 있어 전기충격을 받았다. 24시간이 지난 후 다시 이 강아지들을 앞선 상자와는 다른 상자에 나눠 넣고 전기충격을 주었다. 다만 상자는 모든 강아지가 스스로 상자를 뛰어넘어 탈출할 수 있는 환경을 조성했다.

실험의 결과는 다음과 같았다. 첫 번째 상자에서 코로 조작기를 누르는 행동으로 전기충격을 피할 수 있음을 학습한 강아지들은 상자를 가뿐히 넘어 전기충격을 피했다. 세 번째 상자의 강아지들도 마찬가지였다. 반면 두 번째 상자 안의 강아지들은 몸이 묶여 있기라도 한 듯 전기충격을 받아들였다. 전날 실험에서 무력감을 학습한 것이다.[7](살아 있는 동물을 대상으로 한 이런 비윤리적 실험은 현재 진행하기 어렵다. 심리학 연구에서 동물실험은 불가피하나, 현재는 대안적 방법이 없는 경우에만 과학적·교육적 목적에 따라 동물을 대상으로 실험할 수 있으며 동물 피험자의 고통을 최소화하는 절차를 이용해야 한다.)[8]

사람도 이와 다르지 않다. 자신의 힘으로 극복할 수 없는 실패가 반복되면, 기본 조건이 달라진 상황에서도 새로운 목표를 설정하지 않는다. 목표를 세웠다 하더라도 실행하지 않고 자신의 동기를 자발적으로 저해한다.

통제 소재

무력을 실감한 사람들은 자신의 운명을 다른 사람이나 운에 맡기는 경향이 있다. 이런 걸 심리학에서는 '통제 소재를 (내가 아닌) 외부에 둔다'라고 표현한다. 이러한 경향성은 ADHD

여성 환자는 물론 비非 ADHD 여성에게서도 발견됐다.[9]

어떤 일이나 문제의 원인을 자기 자신이 아닌 나 외의 것, 즉 다른 사람이나 환경에서 찾는 것이다. 내가 문제의 원인이라면 뭐라도 해보면서 통제감을 발휘할 수 있는데, 그게 아니니 딱히 할 수 있는 게 없다고 여긴다. 이런 통제 소재의 특성이 무력감을 심화시킨다. 거기서 그치면 다행이다. 어떤 일이 잘 풀리거나 성공적으로 마무리되었다고 해도 이를 자신의 능력으로 인정하지 않는다. 운이 좋았다거나, 우연한 기회에 만난 성공 또는 두 번 다시 오지 않을 일회적인 일이었다고 치부한다.

이는 여성들이 흔히 겪는 사기꾼증후군Imposter Syndrome과 닮아 있다. 사기꾼증후군은 자신의 능력과 성공을 인정하지 못해 늘 남을 속이고 있는 것 같은 불편감과 제 실력이 탄로 날까 봐 두려워하는 증상으로, '가면현상', '가면증후군'이라고도 불린다. '내가 이렇게 잘될 사람이 아닌데…… 이런 성공을 쥐고 있는 게 맞나? 다른 사람들이 내 빛 좋은 개살구에 속고 있는 거야. 언젠가 진짜 실력이 탄로 나는 날에는 내가 가진 모든 걸 잃게 되겠지. 난 완전 사기꾼이야'라고 생각하는 것이다.

ADHD 또한 마찬가지다. 자기 자신이 올바르게 내린 결정이나 성공적으로 수행한 일에 대해서도 의심을 품어 스스로에 대해 확신하지 못한다. 결과적으로 다른 사람에게 판단과 결정을 맡기고 확인받아야 겨우 안도한다. 타인에게 나와 관련한 중요한 결정들을 맡기고 싶어 한다. 잘못된 판단이 두려운 나머지 다른 사람이 나에게 영향력을 행사하도록 부추기기까지 한다. 자신의 감정을 타인에게 확인받고 싶어 한다. 이러한 경향은 학대당하거나 착취당할 위험성을 높인다. 취약한 ADHD 여성들에게 이러한 문제는 더욱 심각하게 작용할 수밖에 없다.

가스라이팅

가스라이팅과 나르시스트의 학대 피해자들의 피해 회복에 힘쓰며 《가스라이팅Gaslighting》[10]을 쓴 스테파니 사르키스Stephanie Sarkis 박사는 ADHD 환자의 경우 타인의 교묘한 조종manipulation에 취약할 수 있다며 가스라이팅의 위험성을 경고한다.[11]

가스라이팅은 일종의 심리적·정서적 학대에 해당한다. 가해자는 다른 사람의 심리와 정신을 지배하고 조종하기 위해 일련의 기술들을 설계한다. 상황을 조작하거나 반복적으로 거짓말을 하고 분쟁을 일으킨다. 가해자가 다양한 방식으로 피해자를 세뇌시키는 과정을 반복하면, 피해자는 스스로에 대한 확신을 잃고 자신의 판단력과 기억력, 나아가 정체성에 의심을 품게 된다.

이는 가스라이팅이라는 용어를 탄생시킨 연극 〈가스라이트GAS Light〉(1938)에서 확인할 수 있다. 주인공 벨라는 남편 잭의 교묘한 속임수와 조종을 통해 심리적으로 지배당한다. 잭은 벨라가 말과 행동을 제대로 기억하지 못하며, 물건을 자주 잃어버린다는 이유로 타박하고 외출을 금지한다. 극 초반에 벨라는 이상적으로 사고하고 판단했지만, 시간이 지날수록 자신이 직접 보고 듣는 것도 믿지 못하게 되면서 결국 잭에게 의존하고 만다.

ADHD 환자는 가스라이팅의 피해자가 될 위험에 쉽게 처한다. 연극에서는 가해자가 의도적으로 피해자의 상황을 조작하지만, ADHD 환자는 실제로 물건을 자주 잃어버리고, 타인과 한 약속이나 대화의 내용을 잊으며, 충동적인 판단으로 문제를 일으키는 증상을 보인다. 가스라이팅 가해자는 스스로를 부족하거나 무능하게 여기는 사람들, 고립되었다고 느끼거나 상실로 인해 비통한 상태에 빠진 사람들을 자신의 먹잇감으로 삼는다. ADHD 여성 환자는 이 기준에 잘 맞아떨어지는 타깃이다. 게다가 ADHD 여성 환자는 늘 자신이 부족한 인간이라는 느낌을 경험하며 성장했을 가능성이 높다. 우정을 경험하기도 어려웠을 테다. 주위에 의존할 사람이 적고, 자신의 의견이 묵살당한 경험이 많다. 가스라이팅 가해자는 상대방의 취약성을 예민하게 감지하고 이를 자신의 의도대로 이용하기에 ADHD 환자와의 관계에서 조종자의 역할을 유지하기 쉽다.

가스라이팅 가해자가 피해자인 ADHD 환자를 대하는 방법은 예상 가능하다. 가해자들은 ADHD 환자에게 집중적인 애정 공세를 퍼부으며 거절과 비난이 일상이었던 그가 그토록 원하던 따뜻한 말과 사려 깊은 이야기를 들려준다. 그리고 관계가 안정되면, 가해자들은 정신적·육체적 학대 행위를 시작한다. 여성이 자신의 물건을 찾지 못하는 상황이라면 이렇게 비난할 것이다. "너 정말 무책임하다", "게으르구나", "진짜 ADHD답네" 주변 사람들과 대립하게 만들 수도 있다. "다들 네가 미쳤다고 생각해." 때로는 "네게 필요한 게 뭔지 의사보다 내가 더 잘 알아"와 같은 말들로 약물 치료를 방해함으로써 피해자의 회복을 저해하기도 한다.

스테파니 사르키스는 최근 들어 가스라이팅으로 인한 피해를 경험하는 ADHD 환자가 점점 많아지고 있다고 이야기했다.[12] 직장에서도 ADHD 환자를 향한 가스라이팅은 자주 확인된다. 당신이 무언가를 잘 잊어버린다거나, 회사 일을 별로 신경 쓰지 않는다는 말로 비난하면서 자신의 실수를 ADHD 환자에게 떠넘기는 방식이다. 어쩌면 단지 가십거리로 이용될 수도 있다.

기회의 불균등성

ADHD는 환자마다 발현되는 양상이 다르다. 그렇다고 해도 어째서 ADHD 여성 환자는 남성 환자에 비해 전반적인 삶의 질이 '더' 저하되는 걸까? 여성들이 너무 도덕적인 나머지 자신에게 훨씬 엄격한 잣대를 들이대서? 나는 분명히 말할 수 있다. 결코 내가 엄격해서가 아니다(내가 나에게 얼마나 너그러운데!). 여성은 사회로부터 엄격함이라는 기준을 부여받는다. 여성이 하는 말과 행동은 남성에게 허용되는 것보다 훨씬 적은 범위 내에서 '괜찮은' 것으로 받아들여진다. '남자답게'라는 말에는 격려의 의미가 중심이 되는 한편, '여자답게'라는 말에는 당위성을 부여하는 경향이 있지 않은가? 여성은 바로 그 '여자답게'가 내포하는 금지와 명령 앞에서 검열당해왔다. 남성은 여성에 비해 상대적으로 실패를 극복할 기회를 더 많이 가졌을 가능성이 높다. 실패감으로부터 빠져나올 때까지 주변 사람들이 가만두지 않았을 테니까.

예를 들어, ADHD 증상을 보인 남자아이가 있다고 하자. 나와 그 아이는 같은 증상으로 인한 잦은 실패와, 좌절감을 경험한다. 하지만 인생은 길다. 실패들에 뒤이은 무력감으로부터 해방될 수 있는 기회는 분명 찾아온다. 문제는 그 기회를 경험할 수 있는 자리는 한정되어 있으며, 주로 선생님과 부모 같은 어른들이 이를 제공한다는 점이다. 그리고 그 기회는 남자아이에게 더 주어질 것이다. 남자아이는 크고 작은 경험을 통해 문제를 극복해 얻은 성공 경험을 바탕으로 실패에 대한 두려움을 떨쳐낼 것이다. 그가 성공하는 동안 여자아이는 어떨까? 앉은 자리에 그대로 머물도록 '격려' 받을 것이다. '못해도 괜찮아, 안 해도 괜찮아'가 전부라면, 여자아이에게 실패를 딛고 성장할 수 있는 기회가 있다고 말할 수 있을까?

나는 여자 중·고등학교와 대학교를 나왔고, 이를 행운으로 여긴다. 그건 초등학생 때 남자아이와 여자아이에게 돌아오는 기회가 불균등하다는 것을 실제로 목도했기 때문이다. 이후 내가 직접적인 기회의 성차를 다시 마주하게 된 것은 대학원에서였다. 함께 수업을 듣는 학생이 열다섯 명가량이었는데, 그 중 남학생은 단 한 명이었다. 그런데 학생들을 대표해야 하는 모든 역할이 그에게 부여되었다. 자의에 의해서든 타의에 의해서든 말이다. 초등학교의 반장은 남자아이만, 부반장은 여자아이만 지원할 수 있던 옛 모습 그대로였다.

책임질 일도 귀찮은 일도 많은 자리니 그도 그 상황이 썩 유쾌하지는 않았겠지만, 그가 성장의 기회를 쥔 것만은 분명했다. 당장은 시간을 들여야 하는 일이 늘어나고, 여러 난관에 부딪힐 수밖에 없더라도 그는 많은 문제를 직접 해결하며 다양한 경험을 했을 것이다. 그 덕분에 사회에 나갔을 때 리더의 역할이 주어져도, 그것이 낯설거나 두렵지 않았을 테다. 그에게 역할을 넘겨줄 수밖에 없던 여학생들은 밖으로 나가서도 주변인의 역할을 고수하기 쉽다. 그렇지 않더라도 자신의 능력을 확인해볼 수 있는 기회는 날이 갈수록 적어질 게 분명하다. 나만 해도 그랬다. 학기 초에 모든 기회가 대학원 동기 중 유일한 남학생에게 기회가 넘어갔을 때 나는 몹시 황당했다. 하지만 금방 주변인의 위치에 적응해갔다. 나중에는 우리 집단에 남자가 있어서 편하다는 생각까지 했다.

실패만이 자신의 능력에 대한 믿음, 즉 자기효능감을 저해하는 게 아니다. 경험의 부재도 한몫한다. 성취에 대한 현실적인 감각은 오로지 직접적인 경험에서 얻을 수 있기 때문이다.

지금까지 여성이 ADHD 진단에서 배제된 배경과 이들이 일상에서 겪는 다양한 어려움을 살펴보았다. 이렇게 우리의 일상을 위협하는 요소들을 나열하고 보니 마음이 복잡하다. 여성의 처지를 너무 비관한 것이 아닌가 염려스럽다가도, 이런 차별을 당하고 일상의 문제를 겪는 것이 여성이 잘못하거나 원해서 그런 게 아니라고 생각하면 서럽고 화난다. 내 잘못이 아니라고 스스로를 토닥여도, 이전에 했던 실패와 좌절의 기억이 하나둘 고개를 든다. 벌써부터 억울하고 지친다. 당장에 환경을 바꿀 수는 없다는 생각이 나를 짓누른다. ADHD가 기분이나 불안장애처럼 내 안에 일시적으로 머물렀다가 떠나는 것도 아니다. 내가 인지하지 못했을 뿐, 이 병은 오래전부터 나와 함께했으며 앞으로도 그럴 가능성이 높다. 임상 현장에서 ADHD 여성 환자들의 어려움을 듣고 나면 나 또한 흔들린다. 그들의 호소에 같은 환자로서 공감하다가도 이 말도 안 되는 현실에 숨이 턱 막힌다.

그래도 숨을 고르고 이 상황에 주눅 들지 않기로 마음먹는다. 우리는 비슷한 환경에 놓여 있으며, 모두 각자의 방식으로 대응하면서 살아내고 있으니까. 나도 ADHD 환자를 만나는 임상심리학자로서, ADHD 진단을 받고 치료받는 환자로서 포기하지 않기로 다짐한다. 방법이 있으니 함께 나아가면 된다. 아직 할 수 있는 게 많고, 해봐야 하는 것들 또한 생각보다 많다. 우리가 처한 현실을 객관적으로 직면하는 것부터 시작하자.

- 약물치료
- 인지행동치료

6장

ADHD로 인해 잃어버린 나를 되찾기

소녀들은 ADHD 진단을 받지 못한 채 자라서 나 또한 당신이 되었다. 사소한 일상에서조차 어려움을 겪는 우리는 과연 나아질 수 있을까?

ADHD는 전문적인 치료가 필요하고, 많은 경우 약물 치료가 일차적으로 권고된다. 정신과에서 ADHD 진단을 받고 나면 특별한 이유가 없는 이상 약물치료로 증상을 조절한다. 나 역시 가장 먼저 약물의 도움을 받았는데, 이는 잘한 결정이었다. 다행히 ADHD 치료제의 대부분은 정신과에서 처방하는 약 가운데에서도 부작용이 적은 편으로 알려진 데다 그 효과도 좋다.

다만, 약물만으로 치료가 충분하다고 말하기는 어렵다. 약물치료를 받은 환자가 정상 수준의 주의 조절 능력과 충동 조절 능력을 갖게 되었다고 해도, 이 능력을 언제, 어디에, 어떻게 사용해야 하는지 알지 못하기 때문이다. 게다가 ADHD 증상에서 기인한 자기 비난적 태도나 행동, 충동적 결정 패턴은 지속적으로 영향을 줄 수 있다. 이로 인해 약물치료에 의한 호전을 확인할 만한 기회조차 갖지 못할 수 있다. 더욱이 약물치료가 누구에게나 효과가 있는 것도 아니다.

그러므로 ADHD 치료에는 통합적인 접근이 권고되는 편이다. 약물로 증상을 조절하면서 인지행동치료를 함께 진행한다. 환자는 일상에 대처하는 기술을 배우고, 자기 패배적인 사고와 낮은 자존감으로 손상된 자기상을 긍정적으로 재개념화한다. 사회기술훈련을 통해 다른 사람과 상호작용할 때 고려해야 할 것들, 대인관계를 힘들게 만드는 요인, 나의 말이나 행동 그리고 결정이 다른 사람에게 불러일으키는 오해 등에 대해 이해하는 과정을 거친다. 또한 자신의 감정을 표현하는 다양한 방식을 연습하고, 이를 일상에 적용해보면서 그 효과를 살핀다. 시간을 효율적으로 관리하는 방법도 배운다. 약속 시간에 맞춰 나가기 위해서는 어떻게 해야 하는지, 빨래 개기나 냉장고 정리 같은 일에 얼마만큼의 시간이 들며 그런 일은 언제 하면 적당한지 예측하는 등 사소한 일상을 관리하는 법에 대해서도 익힌다. 이는 모두 ADHD를 위한 인지행동치료에서 다루는 내용이며, 나와 같은 임상심리학자와 함께한다.

약물치료

ADHD를 의심하며 병원이나 센터에 내원한 이들은 이미 여러 경로를 통해 약물치료 과정이나 약물의 종류, 그에 따른 효과와 부작용에 관한 정보 탐색을 마친 상태인 경우가 많다. 심리 평가 후 진단이 나오기도 전에 약물치료에 대해 묻는 환자를 나 또한 자주 보았다.

미국에서는 임상심리학자도 정신과 약물을 다루지만, 우리나라에서 약물 처방은 의사의 고유한 권한이다. 임상심리학자인 나는 ADHD 증상이 의심될 경우 심리 평가 보고서에 주의력 약물 복용 결정과 관련하여 주치의와의 상담을 권고한다. 주의력 문제가 특히 뚜렷하다면 약물 복용의 필요성을 강력하게 제언하는 편이다. 예를 들어, 심리 평가 보고서에 다음과 같은 의견을 제시한다.

- 주의력 문제가 시사되므로 ADHD와 관련하여 약물치료를 고려할 필요가 있음.
- 주의력 문제와 관련하여 기능적인 손상이 계속될 시 약물적 개입이 권고될 수 있음.

• ADHD가 시사되는바 약물치료가 권고됨.

• 진단적 인상 및 제언: ADHD, 약물치료 및 심리상담.

ADHD의 치료를 계획하는 단계에서 우선적인 접근으로는 대부분 약물치료가 고려된다.(개인의 요구나 상황, 의학적 상태에 따라 차이가 있다.) 기타 정신질환이나 그 외 질병과 관련한 가족력에 대해 문진한 뒤, 환자의 나이와 키, 몸무게, 학업적 또는 직업적 환경 등 여러 가지 요인을 고려한 약물이 처방된다. 감기약 종류가 한 가지만 있지 않듯 주의력 약물도 다양하다. ADHD 약물이 다른 정신장애 증상에 영향을 미친다든가 이미 복용 중인 다른 약물과의 상호작용 등의 이유로 개입이 어렵거나 까다로울 수는 있지만, 주치의와의 상의 아래 약의 종류와 복용량을 조율할 수 있다(약물과 관련한 사항은 의사와의 상담이 필수적이다).

약은 그 종류에 따라 작동 기제도, 효과가 지속되는 시간도 다르다. 약 4시간 정도 지속되는 것도 있고, 6~8시간, 10~12시간짜리도 있다. 개인마다 약에 따른 부작용도 다르고 필요한 복용량도 다르므로 각자에게 적합한 약과 복용량을 선택하는 과정을 거친다. 부작용을 최소화하는 것이 중요하므로 적은 양으로 시작하여 점차 증량한다. 부작용이 없거나 적은 상태에서 최대의 효과를 보는 것이 그 개인에게 맞는 최적의 용량이다. 이 양을 찾는 데 얼마간의 시간이 걸릴 수 있다.(나는 업무 시간에 맞춰 하루에 1회, 12시간 동안 효과가 지속되는 한 알을 복용하고 있다. 적정 용량을 찾기까지 오랜 시간이 걸렸다.)

약물은 행동에 우선적으로 영향을 미친다. 시간이 지나거나 용량이 증가됨에 따라 주의력에도 영향을 미치는 것으로 보인다. 따라서 부주의 증상이 두드러지는 여성 환자를 치료하는 데 고용량의 약물이 필요할 수 있다. 자주 보고되는 부작용으로는 식욕 감퇴, 불면, 두통, 과민성 등이 있다. 우울감이나 자살 충동이 나타날 경우에는 즉시 복용을 중단해야 한다.

내 경우 식욕 감퇴의 부작용이 있었으나 약을 중단할 정도는 아니었다(이런 부작용은 대부분 시간이 지남에 따라 자연스레 사라진다). 약물치료 6개월 차에는 우울감을 느꼈다. 이런 변화를 인지한 후에는 약 복용을 중단하고 병원을 찾았다. 우울의 강도가 조금이라도 심해지면 약을 변경하기로 하고 경과를 관찰했지만, 금방 호전되어 약을 바꾸지 않아도 되었다. 어쩌면 약물과는 관련이 없는 우울 증상이었을지도 모른다. 다만 정신과 약물을 복용하는 중 발생되는 변화는 세심하게 감지하고, 담당 의사에게 알려야 한다.(약물 복용으로 인한 신체적·정신적 변화를 감지하기 위해 약물 일기를 쓰는 것을 추천한다. 나도 약을 복용하면서 일기를 썼다.)

ADHD 약물에 관한 일화가 있다. 어느 교수가 ADHD가 있는 아들의 약을 두통약으로 착각해 복용한 뒤 지금껏 느껴보지 못한 맑은 정신과 집중력을 경험해보고는 자신이 평생 ADHD를 앓아왔음을 비로소 깨달았다고 한다. 이처럼 약을 통한 증상의 개선은 순식간에 나타나기도 한다. 나 또한 이와 비슷한 경험을 했다. 약물 복용을 시작한 첫 주부터 처음 느껴보는 정신의 명료함에 놀랐다. 이런 상태야말로 정신이 '깨어 있다'라고 할 법했다.

성인이 적절한 용량을 처방받았을 때 최소 70퍼센트가 효과를 보았고, 이러한 효과는 치료를 시작한 첫 주에 시작되었다는 연구 결과가 있다. 반면 1년 6개월이 지나고 나서야 서서히 변화를 느끼거나, 만족할 만한 변화를 감지하지 못하는 사람들도 있다.[1] 약물 복용을 중단할 경우, 극심한 졸음이 쏟아질 수 있어 차차 용량을 줄여나가는 것이 권고된다. 중단했다가 재복용할 경우, 일반적으로 처음 복용량에서 점차 늘려나간다.

인지행동치료

ADHD의 가장 이상적인 치료 방법은 약물치료에 더해 인지행동치료, 심리 상담 등을 함께 받는 것이다. 이는 약물치료의 효율을 높이거나 보다 통합적인 개선을 위함이다. 약물은 충동성이나 과잉행동, 부주의 증상을 감소시킬 수 있다. 그러나 증상이 감소한다고 해서 연령에 비해 뒤처진 구조화 및 조직화 능력, 시간 관리 능력, 학업·사회적 기술이 저절로 향상되는 것은 아니므로 인지행동치료는 이에 대한 도움을 준다. 약물치료만 받은 집단과 약물치료와 인지행동치료를 병행한 집단에서 핵심 증상(부주의, 충동성, 과잉행동)의 감소에 대한 차이는 발견되지 않았다. 그러나 불안, 학업, 대인관계, 사회적 기술 등에서는 통합적 치료 접근이 훨씬 효과적이었다는 결과가 반복적으로 나왔다.

인지행동적 접근은 의사의 의뢰를 받아 주로 나와 같은 임상심리학자가 진행한다. 약물을 복용 중이라면 약물로도 조절되지 못하는 증상에는 어떤 것이 있는지, 일상을 방해하는 문제는 무엇인지, 심리적인 고통은 주로 어떤 원인에서 야기되는지 등을 함께 탐색한다. 이를 통해 증상 개선의 목표를 설정한다. 성인이 되어서야 ADHD 진단을 받은 환자의 경우, 일찍 진단받지 못했다는 억울함과 더해 ADHD 증상과 자발적 행위를 구별하지 못해 혼란스러움을 느낄 수 있다. 정신과적 진단을 받았다는 사실에 대한 당혹감과 심리적 상처, 스스로에 대한 자기 개념이 달라진 데에 따른 불만 등을 호소하는 경우도 있다. 따라서 ADHD 증상보다는 정서적인 어려움을 우선적으로 다룰 수 있다.

약물을 복용한 이후 주의 및 충동성 조절이 가능해지면서 ADHD 증상 통제에 자신감을 얻는 한편, 증상에 뒤따랐던 대인관계 문제나 일상생활에서의 대처 기술, 자존감에 관해서는 도움이 필요할 수 있다. 정서적인 부분이나 대인관계 문제가 어느 정도 해결되면, 본격적으로 구조화나 조직화 기술, 시간 관리 기술을 익히면서 적응을 높여나간다. ADHD 증상이 극심한 경우 치료의 우선순위가 달라지기도 한다. 직장에서 업무 누락이나 지연, 지시 이행의 문제 등으로 어려움을 겪는다면 정서 문제를 다루면서 실질적인 기술을 익히는 방법이 우선될 수 있다.

아이들은 제자리에 가만히 앉아 학습하는 상황 자체에 익숙지 못한 경우가 많다. 학교교육에 흥미를 느끼지 못하면 또래들 사이에서 위축되고 전반적인 학교생활에 적응하는 데 힘들어할 가능성이 높다. 이런 상황에서는 기초적인 훈련부터 시작한다. 예를 들면, 색칠하기 같은 단순한 과제에서 시작해 점차 더 많은 시간과 집중이 요구되는 복잡한 과제를 제시한다. 몇 분이라도 더 책상 앞에 앉아 과제에 몰두할 수 있도록 도와주는 것이다.(나는 아이들이 치료 중 책상 밑으로 내 다리를 걷어차는 횟수가 줄어듦으로써 증상이 호전되는 것을 알아챈 적도 있다.)

과제를 하는 동안 감정을 조절하는 방법을 배우기도 한다. ADHD의 감정 조절 문제는 사회적 관계를 어렵게 만들기 때문이다. 수업이 길고 버거워 친구들 앞에서 자주 우는 아이들이 인지행동치료 중 울음을 터뜨릴 경우 치료에 즉각 개입하는 수 있다. 왜 울었는지, 다른 친구들은 어떻게 감정을 다루는가를 관찰해본 적이 있는지에 대해 확인 가능하다. 이 과정에서 친구들 앞에서 감정을 울음이 아닌 다른 방식으로 표현할 경우 더 낫다고 느낄 수 있음을 알려주기도 한다. 또한 다른 사람들 앞에서 조절되지 않는 감정을 표출하는 것이 자연스러운 일임을 다시 한번 상기시킬 수 있다. 이는 주변 친구의 곤란을 공감하고 위로하는 법과 이어지며, 이러한 심리 교육은 매우 효과적이다.

인지 습관을 수정하기 위한 치료도 함께 진행된다. 자료의 세부사항을 꼼꼼히 살피고, 단계별로 차근차근 문제를 해결해나가야 하는 과제를 주로 제시한다. 1부터 100까지 점을 이어 그림을 완성하는 문제가 대표적이다. '1-A-2-B-3-C-4-D…'

와 같은 순서로 점을 이어 선을 완성하는 식의 한층 심화된 문제도 있다. 자세히 관찰하고 정신적 에너지를 들여 과제를 수행하면서 주의집중하는 능력과 습관을 기를 수 있다. 이 과정에서는 실수 없이 과제를 완수를 할 때까지 치료를 지속한다. 이를 통해 환자는 과제를 해결할 때 그 순서를 무시하고 대충 처리하는 일이 결과적으로 얼마나 비효율적인지 확인하게 된다.

ADHD가 있는 아이들은 어려운 문제 앞에서 다른 아이들보다 쉽게 압도되기도 한다. 과거에 비슷한 난이도의 문제를 해결하는 데 실패했을 가능성이 높다. 그 때문에 곧장 부담을 느끼고 과민하거나 신경질적인 모습을 보여 상황을 악화시키곤 한다. 아이들은 습관처럼 문제를 해결하려는 시도 자체를 포기하거나, 보상이 있어야만 잠시 관심을 갖는다. 이런 경우에는 그동안의 실패 경험에 통합될 수 있는 성공 경험을 충분히 두텁게 쌓아준다. 과제에 면밀히 주의를 기울이고, 수행을 완료하는 일의 이점과 기쁨을 알 수 있도록 난이도에 따른 단계적인 과제 제시와 즉각적인 보상을 한다. 훈련을 반복하면서 아이들은 다루기 쉬운 문제부터 해결하는 방법을 배우기도 하고, 문제를 해결하는 자기만의 기술을 터득하기도 한다. 그 결과 시간이 지나면 틀리는 것을 두려워하지 않게 된다.

수업 시간에 집중하지 못하는 문제가 반복되는 아이는 심부름 외우기 훈련을 한다. 시각적 자극 없이 청각적 정보에 집중하는 데 도움을 준다. 아이들은 정보를 기억하기 위해 노래로 만들어 부르거나, 머릿속으로 이미지를 함께 떠올리는 등의 방법을 배우기도 한다. 또한 다른 사람의 입 모양을 보고 있으면 집중이 더 잘 된다는 걸 스스로 깨닫고 일상에서 즐겁게 활용하기도 한다.

이런 훈련들이 별 것 아닌 것처럼 보일 수도 있다(나도 증상 완화를 위한 훈련들을 시도하기 전까지 의심의 눈초리를 거두지 않았다). 하지만 훈련을 지속하면 예상보다 큰 변화를 목격할 수 있다. 연령대가 낮으면 낮을수록, 아이들의 성장에 따른 발달과 인지행동적 개입의 효과가 맞물려 두드러지는 호전을 보여주기도 한다.

나는 인지행동치료 과정에 치료자로 참여하면서 아이들의 끈기와 성장에 늘 감탄한다. 아이들은 자신감을 얻은 뒤로는 실수를 두려워하지 않으며 더 나아가려는 의지를 보인다. 어느 날 치료 중 아이가 문제를 풀다가 실수하자 나도 모르게 "아이고, 여기 틀렸네"라고 한 적이 있다. 그런데 그전까지 틀렸다는 말만 들으면 눈물을 글썽이며 수치심에 당황하던 아이가 나를 바라보며 이렇게 말하는 게 아닌가? "틀려도 괜찮아요. 다시 하면 돼요!" 나는 아이가 확신에 찬 말투로 되묻던 그 순간을 잊을 수가 없다.

- [x] 일상관리
- [x] 우리에게 도움이 되는 것들

7장

우리가
나아가야 할 방향

7장에서는 임상심리학자이자 ADHD 환자 당사자로서 내가 나를 돌보았던 몇 가지 방법을 살펴보려 한다. 약물치료 과정을 안내하고 인지행동치료의 일부를 바탕으로 한 일상 관리법을 다룬다. 특히 일상 관리법은 ADHD로부터 해방되는 대신 자신에 대한 통제감을 회복하는 데 도움이 될 것이다.

여기서 'ADHD로부터 해방'이란 표현이 불편하게 느껴질 수 있다. ADHD를 완전히 극복한 것으로 오해하기 쉽지만, 실은 아니다.(모두가 ADHD를 완전히 극복할 수도, 그래야 하는 이유도 없다.) ADHD를 자기 행동의 방패막이나 변명거리로 삼지 않으려는 몸부림에 가깝다. 우리의 자아는 다양하고 복잡하다. 그런데 그중에서도 ADHD의 특성만을 내 정체성이라고 말하고 싶지 않다. 다시 말해, 증상으로부터 가능한 한 독립하고 싶다는 이야기다. '내가 ADHD니까 그렇지!', '이게 다 ADHD 증상이라는데 어떡하라고!', '내가 ADHD인 걸 까먹은 거 아냐?', '나를 좀 이해해줄 수 있는 거 아냐?'…… 같은 말들로 내가 나를 빨리 포기하고 싶지 않기 때문이다.

물론 나는 ADHD 증상으로 많은 것을 잃었다. 그것은 때로 주목받을 만한 성취였고, 친한 친구였으며, 누군가의 믿음이자 나를 향한 신뢰였다. 이제 나는 ADHD를 잘 알게 되었다. 더는 나의 일상과 도전의 기회를 앞에 두고 쉽게 포기하거나 물러서지 않는다. 'ADHD'라는 단어와 함께 병리적인 해석을 덧붙이며 나를 실제보다 더 취약한 사람으로 규정짓고 싶지 않다는 말이다. 그런 맥락에서 나는 ADHD로부터 자유롭고자 노력하고 있다. 일상의 노하우를 함께 실천하고 각자 삶의 방식과 이야기를 공유한다면, ADHD로 잃어버린 우리들을 되찾을 수 있을 것이다.

일상 관리

나는 ADHD가 정체성의 자리를 독차지하게 내버려두는 대신 나로부터 분리된 '친구'로 여기기로 했다. '차라리 솔직하게 싫다고 하지, 친구가 대체 뭔가' 싶겠지만, 달리 더 나은 정의를 찾기가 쉽지 않다. 익숙하고도 성가신 나의 친구. 내가 원했건 원하지 않았건 간에 이미 너무 가까워진 사람. 그런 친구를 싫어하는 건 제 얼굴에 침 뱉기이지 않을까? ADHD도 마찬가지라고 생각한다. 이 친구를 미워하는 마음을 가졌다가는 여전히 친구 관계를 청산하지 못한 스스로를 더 싫어하게 될 것 같아 두렵다. 게다가 이 친구, 오랜 기간 함께해온 이에게서만 느낄 수 있는 특유의 편안함이 있다.(편안하다는 건 곧 긴장감의 부재, 경계심으로부터의 자유로움을 의미한다. 물론 이 녀석이 얼마나 자주 나를 곤란에 빠뜨리는지를 떠올리면 결코 마음을 놓아서는 안 되지만 말이다.) 그러니까 그 의미 그대로 ADHD는 나에게 익숙하면서도 성가신 친구다.

좀 더 쉽게 설명해보자. 주변에 이런 친구가 있을지 모르겠다. 한동네에서 태어나 한평생 가까이에서 살아온 친구. 너무 오랜 시간 함께해 이제는 새로울 것도 반가울 것도 없는 친구. 함께여서 때때로 좋았고 종종 지겹기도 했던 그런 친구. 그런데 그 친구가 말하길 웬만해선 이 동네를 떠날 계획이 없단다. 그렇다고 내가 떠날 수는 없는데? 그렇다면 그 애와 잘 지내는 법을 찾는 수밖에! 내가 살아온 터전에서 어떻게든 애랑 함께 잘 지내는 방법을 고민해야 한다.

그러기 위해서는 가장 먼저 이 친구와 나의 관계를 재점검하는 시간이 필요하다. '어린 시절부터 지금까지 ADHD가 나에게 어떤 영향을 미쳐왔는가' 생각해봐야 한다는 말이다. ADHD 증상이 내 기분에 어떤 영향을 주었는지, 감정을 어떤 방식으로 표현하게 했는지, 내가 능력을 발휘해야 할 시점에 어떻게 방해했는지, 나의 인간관계에서 어떤 문제를 일으켰는지, 다른 환자들의 증상과 어떤 차이가 있으며, 나는 왜 이런 양상으로 ADHD를 경험하는지 살펴보아야 한다. 지금 나의 사회적 위치는 어떠하며 앞으로는 어떻게 변할 것으로 예상되는지, 나는 무엇을 원하고 어떻게 이를 실현할 수 있는지 등의 질문을 던지며 나 자신을 이해하는 일도 필요하다. 그래야만 다른 사람이 아닌 '나'에게 적절한 전략을 세울 수 있다. 그리고 실수를 최소화하면서 전진할 수 있다.

나 역시 그동안의 삶을 찬찬히 되돌아보았다. 나를 이루고 있는 것들의 근원을 찾아내는 작업은 흥미로웠다. 나의 복잡성을, 그중에서도 ADHD와 나의 관계를 이해하고 나면, 나에게 진정 필요한 것이 무엇인지 눈에 보이기 시작한다. 앞으로 유의해야 할 것, 내가 가진 자원들, 이를 가장 잘 활용할 수 있는 방법, 그리고 ADHD에 대해 더 알아야 하는 점 등이 명료해진다.

필요한 걸 아는 것만으로도 삶은 달라진다. 고립감과 두려움으로부터 자유로워진다. 이 기분은 경험한 사람만이 알 수 있다.

ADHD가 나를 삼켜버릴 것 같아 두렵기도 하다. ADHD와 나 사이에 보이지는 않는 끈이 있어 아무리 멀리 달아나도 일정 거리가 되면 나를 원위치로 되돌려놓을 것 같다. 그럴 땐 울고 싶다. 하지만 ADHD로부터 멀어졌다 다시 가까워지기를 반복하다 보면 언젠가 그 끈도 낡고 닳겠지. 그런 희망을 가지고 나는 나를 알기 위해 노력한다. 지금도 그렇고, 앞으로도 그럴 것이다.

여기서는 내가 나를 돌본 방법들을 안내한다. 이 일상 관리법은 실제 임상 현장에서 쓰이는 기본 개념과 규칙을 바탕으로, ADHD 환자로서 내가 직접 활용했던 경험 중 일부를 정리한 것이다. ADHD임에도 이를 몰랐거나 진단받지 못한 이들 중에서는 이미 자신의 증상을 다루는 나름의 방법이 있을 것이다. ADHD 치료법을 공부하면서 가장 놀라웠던 점은 전문가들이 제시하는 방안들 대부분이 이미 내가 해봤거나, 하고 있는 것들이라는 사실이다. 굳이 관련 책과 논문을 뒤적거리지 않아도 생존을 위해 강구한 방법들 자체가 전문가들이 연구하고 밝혀낸 것들과 정확히 일치했다. ADHD 증상에 대한 대처 전략을 알고 있었다고 젠체하려는 것이 아니다. 그동안 내가 얼마나 ADHD에 대처하고 극복하려고 시도했는지를 확인했다는 점을 말하고 싶다.

이것이 나만 겪은 이야기는 아닐 것이다. 수많은 ADHD 여성이 지금도 저마다의 방식으로 살아가기 때문이다. 언젠가 그들과 경험을 나눌 기회가 생기면, 각자가 ADHD에 어떻게 대응해왔는지 이야기를 나누면 좋겠다. 그럼 우리의 대처 방식이 다른 동시에 같다는 것을 알게 되리라 확신한다. 그런 순간이 오기를 간절히 바란다. 그날 우리는 서로의 일상에 공감하며 박수치고 깔깔거리다가도 ADHD를 겪는 이들만 아는 고군분투에 위로를 건넬 것이다. 과거의 나를 향한 것이기도 할 위로를 말이다.

이제 소개할 노하우들은 필사적으로 따라하기보다는 하루하루 조금씩 변화해나갈 이들을 떠올리며 참고삼아 읽어주길 바란다.

정리 정돈하기

막상 변화를 시도하려니 무엇부터 해야 할지 몰라 막막할 수 있다. 그런 상황에서는 좋은 결정을 내리기가 더 어렵다.

그럴 땐 가장 많은 시간을 보내는 공간을 정돈하는 일부터 시작해보자. 나를 변화시키기에 앞서 주변 환경부터 바꿔나간다면 시작이 훨씬 덜 부담스럽다.

ADHD 환자에게 정리가 실천하기 쉬운 일이라는 말은 아니다. ADHD 환자는 구조화와 분류화의 개념을 체화하기 어렵기 때문에 공간을 체계적으로 구획하고 물건을 분류하는 일에 어려움을 겪는다. 기껏 만든 정리 체계가 비효율적이거나 비체계적일 수 있고(정리한답시고 빈 곳에 이 물건 저 물건 되는 대로 때려 넣는 식이다.), 제대로 정리하고 강박적으로 물건을 제자리에 두려 노력한다 하더라도 결국엔 흐지부지될 가능성이 높다. 다른 이들의 도움을 받는다 해도 상태 유지가 쉽지 않다. 잘하지 못하니 관심도 생기지 않는다. 수십 년 동안 지내온 방에서도 각각의 물건들이 어디 있는지, 어디에 두면 좋을지 모른다. 어제는 저 자리가 좋아 보였고, 오늘은 이 자리가 마땅해 보인다.

늘 어수선한 공간에서 지내다 보니 정돈되지 않은 환경이 거슬리지도 않는다. 외출한 건지 잠시 자리를 비운 건지, 출근한 건지 퇴근한 건지 도저히 분간할 수 없을 정도다. 대청소를 하며 '다시는 이렇게 살지 않으리라' 굳은 결심을 해도 며칠 못가 청소 전과 같은 상태로 돌아갔던 기억에 벌써 포기하고 싶어진다. 나를 대신해 생활 공간을 매일 정리해주는 사람이 있지 않은 이상, ADHD 환자 주변은 갈 곳을 잃은 물건들, 각종 고지서, 먼지와 빨래, 쌓인 설거짓거리 들로 엉망일지도 모른다.

그럼에도 우리는 끊임없이 주변을 정리해야 한다. 정돈된 공간은 ADHD의 영향을 덜 받는 데 도움이 되기 때문이다. 바닥에 널브러진 물건이 하나라도 정리된 상태는 외출 준비를 하던 우리의 마음을 빼앗아갈 위험 요인 하나가 줄어든 것과 같다. 정신건강 및 임상심리 전문가들은 ADHD에 친화적인 공간을 마련하는 방법들을 제안해왔다.[1] 미국에는 ADHD 환자의 청소와 정리 문제를 도울 수 있도록 코칭 전문가를 연계해주는 치료 프로그램이 있다.[2] 정리에 어려움을 겪는 경우 전화 등을 통해 실시간으로 소통하며 도움을 주고, 집에 방문해 물건을 어떻게 정리하고 유지해야 할지 함께 고민함으로써 ADHD 환자에게 알맞은 공간을 꾸릴 수 있게 도와준다. 아쉽게도 한국에는 ADHD를 위한 다양한 서비스가 없다. 그러니 혼자서도 당장 실천할 수 있는 일을 해보자.

정리하기 편한 환경 만들기

정리 정돈에도 사소한 노동과 정신적 에너지를 줄일 환

경을 만드는 방법이 있다. 긴 시간과 노력을 들이지 않더라도 원래의 상태가 적당히 유지되는 가구들로 집안을 꾸미는 것이다. 예를 들어, 쉽게 오염되지 않는 소재의 소파를 선택한다. 세탁이 어려운 천으로 된 소파보다는 관리하기가 훨씬 수월하기 때문이다. 흰 테이블보다 어두운 색 계열의 테이블도 좋다. 얼룩이 생겨도 눈에 잘 띄지 않는다.

물건은 사용하기 위해 소유하는 것이니만큼 필요할 때 단박에 찾아낼 수 있는 위치에 두어야 한다. 그동안 물건을 찾기 위해 시간을 허비한 경험을 떠올려보라. 메모장이나 필기구처럼 자주 사용하는 물건은 집안 곳곳의 정해둔 공간에 배치한다. 물건이 늘 놓일 위치를 정하고, 이를 물건 각각의 '집'이라고 생각하는 것이다. 이 사소한 콘셉트가 물건을 사용한 뒤 바로 정리하도록 도와준다.

수납 체계를 설계한 후에도 물건 정리가 어렵게 느껴진다면 이렇게 자문해보라. "여기가 보관하기 적당한 곳일까?" "언젠가 이 물건이 다시 필요할 때 내가 잘 찾을 수 있을까?" 이에 적당한 답을 찾지 못했다면, 집안 상태를 다시 살펴본 후 좀 더 효율적인 정리 방식을 찾아보는 것이 좋다.

동선을 고려한 가구 배치도 중요하다. 현관문 앞에 행어를 두면 집에 들어오자마자 입고 있던 외투, 가방, 열쇠를 한 번에 걸어둘 수 있다. 자주 지나다니는 공간에 수납함을 두고, 거기에 각종 고지서와 중요한 우편물을 모아두는 것도 추천한다.(사실 이보다는 우편물을 받은 그 날 그 자리에서 즉시 일을 처리하는 것이 더 효과적이다. 평소 같으면 미뤄둘 일을 바로 처리하거나, 최소한 언제 어떻게 해결할 것인지 계획하는 것을 권고한다. '15일 월급날에 바로 낸다'처럼 말이다.)

나 또한 집 안에 이런 장치들을 마련해두고 실행해왔다. 특히 '고지서와 우편물'에 신경 썼다. 공과금 밀리는 일에 하도 질린 탓이다. 최근에는 현관문에 고지서 붙여놓기를 실천하고 있다. 집을 나서거나 외출하고 돌아올 때마다 떡하니 고지서가 보인다. 고지서가 '나 좀 빨리 처리해줘'라고 말하는 것 같다. 마음이 불편해 빨리 처리해버리고 싶다. 수납함에 모아두기, 현관문에 붙여두기 같은 장치의 장점은 고지서를 어디에 뒀는지 분주하게 찾을 필요가 없다는 것이다. 납부 여부를 기억하지 못할 경우가 있으니, 고지서는 납부한 직후 버린다.

주변을 정리하기 위한 기본 조건인 물건의 양도 중요하다. 집 안이 물건으로 가득 차면 아무리 정리한다 하더라도 일상 관리에 큰 효과가 없을 수 있다. 쓰임이 중복되는 물건은 모두 갖고 있을 이유가 없다. 예를 들어, 전동 연필깎이와 수동 연필깎이 둘 중 하나만 가지고 있어도 된다는 말이다. 두 개 다 차마 버릴 수 없는 감정적인 이유가 있을 수 있겠지만, 과감히 행동하자. 물건이 필요한 사람에게 주는 것도 방법이다.(정리 정돈을 어느 정도 마쳤다면, 깨끗한 상태를 사진으로 찍어두자. 물건들의 자리를 기록해두는 것이다. 사진은 그 자리를 기억하지 못하는 상황에서 활용할 수 있다.)

규칙 만들기

물건들의 자리를 정한 후에는 규칙을 만들고 그에 따라 정리 정돈을 하는 것이 도움이 된다. 매번 내키는 대로 정리하면 정리 정돈은 '간단한 청소'가 아니라 정신적 에너지를 들여야 하는 '과제'가 된다. 그리고 정리하는 일을 아예 포기하게 만들지 모른다.

규칙 만드는 것이 쉽지는 않다. 크고 거창한 것보다는 사소하지만 효과적으로 실천할 수 있는 정리 규칙을 만들어보라. 다음은 내가 정한 규칙이다.

① 전자레인지를 사용하는 동안 주변 정리하기 전자레인지 안 음식이 데워지는 동안 주변을 정리한다. 30초든 4분이든 상관없

다. 무조건 한다. 짧은 시간이라는 생각이 들겠지만, 그래서 더욱 '청소한다'는 부담 없이 주변을 정리할 수 있다. 방금 사용한 가위를 씻어 제자리에 두거나, 쓴 컵을 설거지한다. 쓰레기를 분리수거하고, 빈 물병에 물을 다시 채울 수도 있다. 현관에 어질러진 신발들을 가지런히 정리하는 일도 가능하다. 오래 걸리지는 않지만 귀찮아서 미루기 쉬운 일들을 이때 해결할 수 있다.

② 움직일 때마다 물건 세 개 정리하기 방에서 화장실로, 화장실에서 거실로 오가며 갈 곳 잃은 물건 세 개를 제자리에 둔다. 책상을 정리하라는 것도, 방을 치우라는 것도 아니다. 딱 물건 세 개다. 퇴근하며 현관 앞에 던져둔 가방이 될 수도, 화장실 앞에 벗어둔 양말이 될 수도, 책상 위에 아무렇게나 쌓아둔 책이 될 수도 있다. 물건에 제집을 찾아주자. 집 안을 쾌적하게 유지하는 데 도움이 된다. 세 개만 정리하자고 정해뒀지만, 금세 정리 정돈에 열중하게 될 때가 있을 정도로 효과적이다.

③ '일요일 바구니' 만들기 눈에 거슬리는데 당장 어디에 두어야 할지 망설여지는 물건들이 있다. 작고 귀여운데 어디다 놓아야 할지 모르겠는 소품, 지금 당장은 쓰지 않지만 쓸 일이 있

을 게 분명한 엽서, 여기저기서 받은 사탕, 초콜릿 등. 그럴 땐 '일요일 바구니'에 집어넣는다. 이름에서 알 수 있다시피 일요일에 전부 꺼내놓고 물건들의 집을 정하고 정리한다. 이 정리법의 장점은 최소한 물건을 아무 데나 방치하는 것보다 낫다는 것이다. 집 없는 물건을 아무 데나 놓을 경우, 이전의 체계 없고 지저분한 환경으로 돌아갔다는 생각이 들 수 있다. 불쾌감을 느끼고, 자포자기한 상태가 되기도 한다. 이를 방지하기 위해 '일요일 바구니'를 만든 것이다.

나는 이것을 '패닉panic 바구니'라고 부르기도 한다. 패닉 버튼을 누르는 사소한 행위로 내가 비정상적인 상태에 있다는 것을 인지하는 것처럼, 갈 곳 없는 물건을 바구니에 넣는 행위만으로도 아직 정리 정돈이 완벽하지 않은 상황임을 인정하는 것이다. 나의 한계를 인정해야 유지나 성장이라는 다음 단계로 넘어갈 수 있으므로, 바구니에 물건을 넣음으로써 정리 체계를 갖추기 위한 준비 단계로 나아간다.

④ 사용한 물건은 바닥에 두지 않기 사용한 물건을 바닥에 두는 일만큼은 절대 피해야 한다. 딸의 무질서한 정리 정돈을 30년 넘게 이해해보려고 애쓰다가 결국에는 정리수납전문가 자격증

을 취득하기에 이른 나의 어머니는 이제는 딱 한 마디만을 반복한다. "물건을 바닥에 놓지만 말아라."

그렇다고 물건을 죄다 수납 공간에 우겨넣는 게 방법이 될 수는 없다. 선반, 서랍장, 보관함에는 정해둔 용도에 맞는 물건을 넣어야 한다. 효율성을 고려해 조직화해야 한다. 모든 물건은 최소한의 동작으로 제자리에 돌아갈 수 있게 해야 한다. 자주 사용하는 공구는 창고가 아닌 신발장에, 서랍장 앞에서 택배를 뜯곤 한다면 커터 칼은 서랍에 넣어 두자. 쓰고 난 물건을 바로 제자리에 가져다 놓을 수 있게 하자는 것이다.

규칙은 기억할 수 있을 만큼 단순해야 한다. 메모지에 적어두고 싱크대 찬장이나 방문 앞에 붙여두어도 좋다. '그릇은 크기순으로 정리한다', '냄비는 가스레인지 위가 아니라 찬장에 넣어둔다', '가방은 귀가하자마자 정리한다'처럼 말이다. 너무 간단한 규칙이라 헛웃음이 나온다면, 찬장을 열어보라. 그리고 스스로에게 질문하자. 정리할 때 나름의 규칙이 있는가? 그 규칙은 잘 지켜지고 있는가? 규칙이 충분히 효율적인가? 더 나은 규칙으로 발전시킬 만한 여지는 없는가?

유지하기

어느 정도 주변 환경이 정리되었다면 유지를 위한 관리가 필요한 단계다. 집 안을 다 유지하기가 어렵다면 싱크대부터 시작해도 좋다. 정한 규칙대로 정돈하고, 그 상태를 일주일 내내 유지해본다. 다른 공간은 신경 쓰지 않아도 좋다. 대신 싱크대만큼은 타협하지 않는다.

쉽지 않은 일이다. 어느 날은 컵 하나조차 치울 기운이 없다고 느낄 수 있다. 또 다른 날에는 진지하게 '싱크대만은……!' 하고 결심한 것을 까맣게 잊고 지내다가 어질러진 싱크대를 보고 화들짝 놀랄 수 있다. 일주일 중 하루라도 깨끗한 상태로 유지하지 못했다면 다시 시작한다. 처음부터 다시 일주일을 센다. 마침내 기복 없이 일주일간 깨끗한 싱크대를 유지했다면, '싱크대만은 정돈되어 있어야 한다'는 사실이 머릿속에 각인된다. 싱크대가 어수선하면 그 모습이 낯설고 불편할 것이다. 이 감정은 나를 움직이게 하는 좋은 동기가 되어준다. 치과 치료비용이 적지 않음을 알기에 귀찮아도 자기 전에 양치질을 하는 것처럼 말이다.

습관을 들이는 과정에서는 한 가지 중요한 사실도 깨닫게 된다. '싱크대 정리에는 훨씬 짧은 시간이 든다'는 것이다. 정리 정돈은 더는 미룰 수 없을 때 마음 먹고 한 번에 해치우는 것이 아니라 내 일상이 된다. 시간과 에너지를 최소화해 청소하는 방법도 알고 싶어진다. 다양한 방법으로 정리를 해보면서 내 주변 환경에 적절하면서도 효율적인 나만의 방식을 만들어간다. 와인 잔 가까이에 오프너를 두면 와인을 마실 때마다 매번 서랍을 뒤질 일도 없다. 물기가 마른 접시들을 제자리에 놓아두면 기분이 상쾌해진다는 것을 깨닫는다. 이런 소소한 일은 내가 나를 잘 돌보고 있다는 증거가 된다. 깨끗한 싱크대를 보면 자신감도 높아진다. 예전에는 정리에 오랜 시간이 걸릴 것이라고 지레짐작했지만, 이 과정을 겪고 나면 정리가 그리 끔찍한 일만은 아님을 알게 된다. 정리 정돈이 생각보다 즐거운 일임을 온몸으로 깨닫는다.

나도 이전까지는 늘 지저분하게 지냈던 터라 주변 사람들로부터 싫은 소리를 자주 들었다. 나름 노력한다고 했는데, 다른 사람들이 알아채지 못한 경우도 많았다. 정리해야 하는 이유조차 알지 못했다. '어차피 더러워질 텐데 굳이 힘들여 정리할 필요가 있을까?' 하면서 말이다. 이런 일련의 일들이 결국 '정리는 무의미하다'고 느끼게 했던 것 같다. 만약 주변 사람들을 비롯해 나 스스로도 이런 환경이 ADHD 증상으로 인한 것임을 알았다면 상황은 달라졌을지 모른다. 적어도 쾌적한 생활환경을 스스로 포기하지 않았을 것이다.

이렇게 '일주일 동안 싱크대 깨끗이 하기'를 무사히 완주했다면, 이제부터는 다른 공간을 공략해본다. 침대 선반에 이어 책상, 그다음은 옷장으로 옮겨가면서 위와 비슷한 방식으로 정리하고 유지한다. 그러다 보면 어느새 정리에 대한 자신감이 붙는다. 나는 한 달 반 만에 싱크대 정리 정돈에 성공했고(눈물나는 여정이었다), 지금은 안방 바닥 치우기에 도전 중이다.

무언가를 관리하는 데 물건은 그 효과를 가장 빠르고 쉽게 맛볼 수 있는 요소다. 시간이나 업무, 감정, 대인관계 같은 외부 요소를 관리하는 데는 다양한 방해물이 뒤따르기 때문이다. 그에 비해 물건은 정해둔 그 자리에, 다시 말해 물건의 집에 그대로 돌려놓으면 된다.

작업기억력 증진을 위한 훈련

많은 사람이 종종 기억력 문제를 겪는다. 스마트폰을 어디에 놓아두었는지 기억하지 못하거나 하려던 말을 잊곤 하는데, 이는 매우 자연스러운 일이다. 하지만 ADHD 환자의 경우는 차원이 다르다. 작업기억력 문제로 일상에 어려움을 겪기 때문이다. '작업기억working memory'은 '단기기억short-term memory'이라고도 하는데, 머릿속에 일시적으로 저장되는 정보나 생각을 말한다. 작업기억은 매일 다양한 상황에서 수시로 사용된다. 읽고, 쓰고, 계획하고, 구조화하고, 대화의 흐름을 따라가고, 거스름돈을 머릿속으로 계산하고, 지시를 따라야 할 때 작업기억을 사용한다. 이렇듯 작업기억은 일상 전반과 관련이 깊다. 물건을 잃어버리거나 방금 들은 지시를 바로 잊어버리고, 강의 내용을 필기하는 와중에도 강사의 말이 한 귀로 들어왔다가 다른 귀로 나가버린다. 이 경우 작업기억력 문제를 의심해야 한다. '부주의' 증상 또한 이 작업기억력과 관계가 있다.

ADHD 환자는 뇌에 정보를 저장할 수 있는 시간이 다른 사람들에 비해 상대적으로 짧다. 주의attention와 집중concentration, 작업 기억은 모두 뇌의 동일한 영역에서 담당한다. ADHD 환자가 주의와 작업기억 문제를 동시에 겪게 되는 것은 그 때문이다. 작업기억은 성장하면서 발달한다. 개인마다 성장 속도와 능력은 다르지만 5세 때보다 7세 때의 작업기억력이 더 좋다. 청소년기를 지나 성인이 되면 작업기억력은 완성된다. 그러나 ADHD 환자는 작업기억력의 성장 속도가 더디다. 이에 따라 작업기억력이 미성숙한 상태에서 성장을 멈출 가능성이 높아진다. 작업기억의 결함은 ADHD와 같이 신경발달장애 범주에 속하는 자폐스펙트럼장애, 학습장애에서도 문제가 되는 공통적인 어려움이다.

나는 작업기억을 이렇게 이해한다.

소파에 앉아 쉬다가 입고 있던 셔츠에 실밥이 튀어나온 것을 발견한다. 종이 위에 '가위 가져와서 실밥 잘라야지'라고 적는다. 전두엽에 부탁한다. "이 종이 잠깐 들고 있어 줄래? 부엌에서 가위를 찾으면 버려도 돼. 내가 거실 소파에서 일어나 부엌에 가는 동안만, 그 짧은 시간 동안만 들고 있어줘!" 신신당부하고 걸음을 뗀다. 그런데 아뿔사, 전두엽이 들고 있던 종이를 놓쳐버린다. 나는 이미 부엌에 도착했는데, 왜 여기에 왔는지 기억하지 못한다. 물만 마시고 다시 소파에 앉으니 튀어나온 실밥이 보이고, 전두엽에 부탁하고, 부엌에 도착하면 왜 왔는지 알 수가 없어 물만 마시고…….

작업기억에 문제가 있다는 말은, 지금 이 순간 필요한 정보를 머릿속에 붙들어두지 못한다는 의미다. 이보다 더 복잡한 과제는 당연히 기억하기가 더 어렵다.

대화에 집중하지 못하고 그 흐름을 놓치는 증상도 일부 이 때문이다. 주변의 다른 자극들에 간섭을 받는 영향도 있지만, 방금 전 나눈 대화를 기억하지 못하는 영향을 배제하기 어렵다.[3]

다음은 꽃을 사러 꽃집에 갔다가 주고받은 대화다.

> **나:** 해바라기 철인가 봐요. 많이 나와 있네요.
>
> **꽃집 주인:** 이제 들어갈 계절이 됐어요. 이게 마지막으로 가져온 해바라기예요.
>
> **나:** 아, 이제 들어가는구나. 그럼 한 단만 주세요.
>
> **꽃집 주인:** 네, 잠시만요.
>
> (잠시 후.)
>
> **나:** 지금이 해바라기 철인가 봐요?

말도 안 된다고 생각할 수도 있다. 내가 다시 봐도 지어낸 이야기 같으니까. 꽃집을 나오며 같은 질문을 두 번이나 했다는 사실이 떠올랐을 때 등에서 식은땀이 얼마나 나던지. 스스로가 무섭게 느껴지는 정도였다. 이런 일은 책을 읽을 때도 일어난다. 앞서 읽은 내용이 머릿속에서 증발하니까 같은 페이지를 반복해서 읽어야 한다. 기억상실증처럼 모든 정보를 뇌에 저장하지 못하는 것은 아니지만 보통 사람들과 비교했을 때 작업기억의 기능이 떨어지는 것은 분명하다.

ADHD는 기억의 수용 능력에도 한계를 가진다. 심리학

교과서에서는 작업기억을 선반에 비유한다. 선반은 곧 사용할 물건들을 올려두는 곳이다. 너비가 좁고 벽에 고정해야 하기에 적정량의 물건만 허용된다. 작업기억도 마찬가지다. 방금 머릿속에 들어온 적은 양의 정보로도 작업기억의 공간이 꽉 찬다. 여기에 몇 가지 정보가 추가되면, 원래 있던 정보들이 작업기억 영역 밖으로 밀려난다. 즉 잊어버린다는 것이다. 선반이 좁으면 좁을수록 더 적은 양의 물건만 수용 가능하듯, ADHD는 작업기억의 용량이 작아 기억할 수 있는 정보 또한 적다.

이를 보완하기 위한 방법은 메모뿐이다. 나는 작은 노트, 포스트잇, 메모 앱 등을 사용한다. 가장 믿음직스러운 방법이다.(메모하는 방법은 뒤에서 자세히 소개하겠다.)

직접 메모할 수 없는 상황이 생길 수 있다. 종이도, 펜도, 스마트폰도 없는데 중요한 대화를 하고 있다거나 상사가 지시를 내리는 난감한 순간! 이럴 때는 전두엽을 열심히 깨워야 한다. 가장 좋은 방법은 신체를 이용하는 것이다. ADHD가 괜히 좌불안석하는 게 아니다. 몸을 움직이는 행위는 각성하고 그 상태를 유지하는 데 도움이 된다. 신체를 움직이면서 중요한 이야기를 들어보자. 이때 오감을 사용하면 좋다. 방금 들은 내용을 중얼거리거나, 다시 듣거나, 테이블 위에 손가락으로 정보를 써보거나 특정한 색이나 냄새를 기억해내기 위해 눈을 크게 뜨고 향을 맡으려는 행동들은 ADHD의 미성숙한 작업기억에 도움이 된다. 실제로 ADHD를 위한 인지행동치료에서는 작업기억력을 증진하기 위해 다음과 같은 방식으로 연습한다.

1. 1~5까지 숫자를 무작위로 나열한다.
2. 외워서 말해본다.
3. 1~6까지 숫자를 무작위로 나열한다.
4. 외워서 말해본다.
5. 1~7까지 숫자를 무작위로 나열한다.
6. 외워서 말해본다.

숫자의 무작위 나열은 혼자서도 할 수 있지만, 다른 사람이 불러주면 더 좋다. 반복하면 할수록 머릿속 선반의 용량이 지금보다는 훨씬 더 커질 것이다.(단순한 연습이라 작업기억력 증진에는 한계가 있다.) 이런 훈련이 어느 정도 익숙해지면 숫자를 거꾸로 외워보는 것도 도움이 된다. "메가바이트"처럼 긴 낱말을 듣고 거꾸로 답하기 같은 훈련도 있다.

노트와 포스트잇 애용하기

메모 이야기를 좀 더 해보자. 인간은 대체로 청각보다는 시각 정보를 인지하는 것에 훨씬 유리하니 메모해두는 것이 좋다. ADHD 환자에게 약물 다음으로 가장 필요한 것이라면 나는 종이와 펜을, 이메일과 스마트폰 메시지나 앱을 꼽겠다. 업무를 처리하거나 약속을 잡을 때 이런 수단을 사용할 것을 권장한다.

앞서 말했듯 나는 노트와 포스트잇을 애용하는 편이다. 내가 알고 있거나 알아야 하는 모든 것은 종이에 직접 쓴다. 일상을 무리 없이 돌아가게 하는 것은 노트에 계획을 기록하고 확인하고 수정하는 행위를 반복하는 것이다. 그러려면 역시 노트 구매가 먼저다.(내가 가장 좋아하는 일이다.) 심리상담을 진행할 때도 가장 먼저 기록을 위한 노트를 마련하라고 권유하는 편이다. 노트처럼 눈에 보이는 것이 있어야 정말 무언가 시작되었다는 느낌도 든다.

어떤 노트를 구매하면 좋을까? 크고 두껍고 비싼 노트보다는 내 경험상 손바닥만 한 크기에 얇고 무겁지 않은 것이 사용하기에 좋다. 수시로 활용해야 하니, 무엇보다 휴대하기 편리해야 한다. 가방은 언제나 무겁고 주머니는 작으니까 들고 다니는데 조금이라도 부담되는 크기와 무게는 피하는 것이 좋다. 평소 기록하는 습관을 들여야 그 효과를 볼 수 있으니 말이다.

노트를 보지 못할 상황이 생길 수 있다. 이럴 경우를 대비해 약속이나 미팅, 기념일, 납부일 같은 일정은 스마트폰에 기입하자. 같은 날짜에 약속을 몰아 잡거나 공과금 지불을 잊는 불상사를 피할 수 있다. 최근 전문가들은 ADHD 증상을 관리하기 위해 전자기기의 도움을 적극 권장하고 있다.

나는 스마트폰의 활용도가 높지 않은 편이다. 간편하기는 하지만 스마트폰에는 우리의 주의를 쉽게 빼앗는 매력적인 앱들이 잔뜩 깔려 있다. 메모장을 살펴보기 위해 스마트폰을 열었다가 금세 SNS에 유혹되고 만다. 20년 넘게 만난 적 없는 초등학교 동창의 인스타그램을 유영하는 건 순식간이다. 그런 이유로 노트 사용을 선호한다. 종이에 메모하는 행위는 스마트폰에 글자를 입력하는 것보다 기억력을 높이는 데 더 도움이 된다. 기록에 더 공들이기 때문이다. 꼭 해야 하고, 염두에 두어야 하는 문장에 오래 머물러 있을수록 좋다. 나처럼 스마트폰을 자기주도적으로 사용하기 어려운 이들에게는 노트 사용을 추천한다. 메모하는 습관을 들이는 초기 단계에서는 더욱 그렇다. 주머니나 가방 속에 넣어둔 작고 가벼운 노트는 당신의 좋은 친구가 될 것이다.

노트 메모는 ADHD 치료 과정에서 제안하는 정석적인 방법 중 하나이다. 각자 편한 방법이 있을 테니, 여기서 보완하거나 변화를 시도해봐도 좋겠다. 주변에 도움을 적극적으로 구하는 것 또한 필요하다. 요청사항은 이메일을 이용한다. 구두로 소통하는 것보다 필요할 때마다 다시 열어볼 수 있는 매체를 적극 이용할 수 있는 환경을 만들어보자.

구체적인 목표 세우기

신중히 새 노트를 골랐다면, 이제 목표를 적어보자.

- 싱크대 깨끗이 하기

이것만으로는 부족하다. 좀 더 구체적이어야 한다.

- 일주일 동안 싱크대 깨끗이 하기

일주일이라는 기간이 명시된 건 좋다. 그런데 '깨끗이'라는 표현은 모호하다. 나에게 '깨끗하다'는 어떤 상태를 의미하는가? 어느 정도로 정돈되어야 '깨끗한 싱크대'라고 할 만한가?

ADHD 환자가 정리 정돈에 취약한 이유 중 하나는 '깨끗하다'는 정의가 다른 사람들과 달라서일지 모른다. 모든 물건이 수납함 밖에 나와 있는 상태가 가장 정돈된 상태라고 생각할 수도 있다. 물건들이 눈에 보이니까 무언가를 잃어버리지 않았다는 안도감도 영향을 미쳤을 것이다. 다른 사람들의 불쾌감을 자아낼 정도로 지저분한 환경이어도 말이다. 그런 상태가 ADHD 환자에게 적합한 환경은 물론 아니다. 자기만의 규칙을 가지고 정리한 것도 아니고, 원래 자리라는 개념도 없이 그저 물건을 늘어놓은 것이기 때문이다. 그러니 좀 더 구체적인 상태를 목표로 삼아야 한다.

- 일주일 동안 설거짓거리 다섯 개 이상 쌓아두지 않기
- 건조대에 둔 그릇은 이틀 안에 정리하기
- 배달 플라스틱 용기는 바로 씻고 정리하기
- 싱크대의 음식물 쓰레기는 매일 치우기

이런 구체적이고 분명한 목표가 중요하다. 목표가 모호할수록 실제 결과는 한 것도 안 한 것도 아닌 게 되기 쉽다. 이런 결과는 행동의 변화에 큰 영향을 끼치지 못한다. ADHD를 가진

사람은 보상에 대한 예민성이 낮다. '해냈다'는 생각이 들 정도의 강력한 보상이 아니면 목표 행동을 지속하지 못한다. 보상이 없으면 목표를 이룰 동기가 생기지 않는다. 명쾌하게 '해냈다'는 느낌을 줄 정도의 결과만이 ADHD를 가진 사람을 움직이게 하는 원동력이자 강력한 보상이 된다.

실패와 관련해서도 마찬가지다. 목표가 구체적이면 실패해도 이를 기준으로 반성하고 살필 수 있으므로 계획을 짜는 시작 단계가 중요하다. 그래야 실패로부터 배울 수 있다.

어느 날 싱크대가 엉망진창이 되어 있다고 상상해보자. 배수구에서는 악취가 올라오고, 싱크대 가장자리마다 곰팡이가 피고, 그릇 주변으로 날파리들이 날아다닌다(우웩!). '싱크대를 깨끗하게 유지하기로 했는데……. 대체 어디서부터 잘못된 걸까?' 답을 찾으려 하지만 잘 모르겠다. 눈을 감았다 떠보니 일이 이렇게 된 것 같다. '깨끗한 싱크대'라는 목표만 있었을 뿐 구체적인 규칙이나 약속 같은 것을 하지 않아서 생긴 일이다. 이렇게 '깨끗하다'는 모호한 기준은 목표의 실패를 야기하고, 여기서 배울 수 있는 것은 없다. 하지만 구체적인 기준이 있을 때는 다르다.

- 수요일에 배달 음식을 먹고 바로 잤더니 재활용품이 이렇게나 많이 쌓였네. 플라스틱 용기는 바로 씻고 정리하기로 했잖아. 앞으로는 바로 치우자. 웬만하면 배달하기보다 직접 해먹고.
- 숟가락은 금방 씻을 수 있어서 방심했는데……. 요새 좀 긴장이 풀렸나 보다. 앞으로는 단 하나의 설거짓거리도 미루지 말아야겠다.
- 요리와 식사까지 다 끝내면 설거짓거리가 너무 많아. 이런 날은 확실히 설거지하기가 어려워. 앞으로는 요리 중간중간 치우거나, 식사 때 큰 접시 하나만 사용해봐야겠어.

목표 가지치기

한 번에 너무 많은 일을 하려고 마음먹는 순간, 주의가 분산된다. 우왕좌왕하는 사이 시간은 흐른다. 실수를 만회하기 위해 다짐하지만 같은 실수를 반복한다. 문제의 근본은 우선순위 정하기에 있다. 무엇이 중요하고 덜 중요한지 구별하는 데 애먹는다는 소리다. 시간 내에 일을 얼마나 해낼 수 있는지 가늠하는 것 또한 어려워한다.

그런 ADHD 환자에게 가장 필요한 것은 가지치기다. 현실 가능한 범위 내에서 변화하기 위해 우선순위를 정해야 한다. 일의 우선순위를 세우고 행동하지 않으면 같은 실수를 반복하게 된다. 삶에서도 일상에서도 우선순위를 정하는 게 좋다.

마감 날짜, 일을 처리하는 데 필요한 시간, 난이도, 효율, 다른 사람의 도움 필요 여부, 예상치 못한 문제의 발생 가능성, 완수와 미완수가 내게 영향을 미치는 정도 등을 객관적인 수준에서 분석할 줄 아는 훈련이 필요하다. 기분에 따라 일의 중요도나 처리 순서를 결정해선 안 된다. 모든 일을 거뜬히 해낼 수 있다는 비현실적인 기대를 버릴 줄도 알아야 한다. 모든 과제는 만족스러울 정도의 높은 질을 갖추지는 못하더라도 완수에 목표를 두는 태도가 필요하다.

행동 계획 세우기

행동 계획은 목표를 위해 언제 어떻게 움직일 것인지를 세세하게 짜보는 것이다. 예를 들어, 언제 설거지를 하면 좋을지, 어떻게 싱크대 주변을 정리할지 계획한다. 매일 해야 하는 일이라면 습관이 될 수 있도록 한다. 어떤 일이 일과가 되면 그 일을 하기까지의 저항감을 줄이는 데 도움이 된다.

얼마 전 이런 기사를 읽었다. '밥 먹은 직후 10분간 걷기

운동을 하면 당이 높아지는 걸 예방할 수 있다.' 나는 과도하게 건강을 염려하는 사람이라 이런 정보를 지나치지 못한다. 다음 날부터 식사 후에는 집 안을 돌아다니며 바닥에 떨어진 물건이나 옷을 정리한다. 당뇨의 위험성도 낮추고, 방도 정리하는 일석이조의 계획이다.

어떤 일이든 자기 상황에 맞게 행동 계획을 세우는 것이 중요하다. 집중력을 높이는 자기만의 방법도 있을 테고, 에너지를 가장 효율적으로 쓸 수 있는 시간대도 다 다를 테니까 말이다.

예를 들어, '매일 영어 단어 50개 외우기'라는 목표를 세웠다고 하자. 직장인들에게는 이 목표가 부담스럽게 느껴질 수 있다. 책상 앞에 앉아 있더라도 집중하기 어려울 수 있고, 장기적으로는 직장 업무에도 지장을 줄 수 있다. 그런 이들은 '스케줄 사이사이에 목표를 시행한다'는 행동 계획을 세우면 좋다. 머리를 말리는 10분 동안, 점심 먹고 남은 30분 동안, 버스 타고 집으로 가는 1시간 동안 영어 단어를 외우는 것이다. 지금의 일과를 자세히 들여다보면 자신이 해낼 수 있는 시간을 찾을 수 있을 것이다.

일어날 수 있는 문제 예상하기

계획을 짜는 내내 실패를 예감할 때도 있다. 호기롭게 짠 계획이 지난날처럼 수포로 돌아갈까봐 두렵기 때문이다. 이런 마음은 방금 한 다짐조차 포기하게 만든다. ADHD 환자에게는 그를 위한 보다 친절한 환경이 필요하다. 그러려면 목표 달성에 방해가 될 만한 일들을 구체적으로 예상하고, 이에 대한 대처 방안을 마련해두어야 한다. 그동안 무슨 이유로 계획을 행동에 옮기지 못했는지 살펴보는 것도 도움이 된다.

- **목표:** 설거짓거리 다섯 개 이상 쌓아두지 않기.
- **실행 결과:** 평균 일주일 중 4일 성공.
- **실패 이유:** 야근하고 집에 오니 너무 피곤했다. 저녁 먹는 동안 틀어놓은 유튜브 영상이 재미있어서 끄지 못했다. 요리한 뒤 설거짓거리가 산더미여서 도무지 할 용기가 나지 않았다.

이렇게 계획 실행에 실패하는 요인을 정리해보았다면, 이를 극복할 수 있는 전략을 짤 준비가 된 것이라 할 수 있다. 다음 단계로 넘어가보자.

문제 극복 전략 짜기

문제가 무엇인지 알았으니, 목표를 실행하기 전 문제 극복 전략을 세워 대비할 수 있다. 이때 세부 계획, 즉 전략과 마인드컨트롤이 필요하다.

- **목표:** 설거짓거리 다섯 개 이상 쌓아두지 않기.
- **문제별 대처 방안**

  야근하고 와서 너무 피곤할 때

  - 좀 쉬다가 할 수 있다는 마음이 들면 설거지를 한다.
  - 몸 상태가 나아지지 않는다면, 건조된 그릇들을 수납장에 넣어두는 것으로 만족한다. 이때는 절반만 성공했다는 표시를 해둔다.

  유튜브 시청을 멈출 수 없을 때

  - 식사 중 볼 영상은 20분짜리로 선택해 식사와 영상 시청을 함께 끝낼 수 있도록 한다.
  - 그보다 더 긴 영상이 보고 싶다면, 1시간 후 스마트폰이 자동적으로 잠기는 앱을 실행하거나 알람을 울리게 설정한다. 스마트폰이 잠기거나 알람이 울린 후에는 최소한 먹던 자리를 정리하고 그릇을 싱크대에 넣는다.

설거짓거리가 평소보다 많아 설거지할 용기가 나지 않는 날

- 수저나 컵 같은 작은 것들만 설거지해둔다. 나머지는 다음 날 아침을 먹기 전에 한다.
- 설거지는 나눠서 해도 된다. 꼭 해야 한다는 부담은 갖지 않는다.

대비책을 세워두면 문제가 생겨도 당황하지 않을 수 있다. 실패하지 않으려고 전보다 더 효율적으로 움직이게 된다. 도전하고 그 성공 경험이 쌓이면 자기효능감이 높아진다. 비슷한 상황에서도 더 힘들이지 않고 대처할 수 있다.

문간에 발 들여놓기 & 면전에서 문 닫기

구체적으로 잘 짜놓은 계획도 소용없을 때가 있다. 아무리 쉬워 보이는 일도 하기 싫다는 생각이 드는 순간이 찾아온다. 이런 생각은 크고 두꺼운 장벽이 되어 목표로 나아가는 길을 가로막는다. 이처럼 ADHD 환자들은 행동의 동기motivation를 유지하는 데 어려움을 겪는다. 어떤 행동을 왜 해야 하는지 누구보다 잘 알면서도 그 동기를 끌고 갈 힘이 부족해 실행으로 옮기지 못한다.

이를 위한 해결책이 있다. 바로 '문간에 발 들여놓기 기법foot-in-the-door technique'이다. 1966년 미국 스탠포드 대학교의 조너선 프리드먼Jonathan Freedman과 스콧 프레이저Scott Fraser의 실험 연구에서 입증된 이 기법은 '개문효과 기법'이라고도 불린다. 가까운 관계나 모르는 이의 집이더라도 일단 문간에 발을 들여놓기만 하면 집 안으로 들어가는 일은 식은 죽 먹기라는 뜻으로, 상대에게 처음에 들어주기 쉬운 일을 부탁하면 나중에는 어려운 부탁도 들어준다는 이론이다. 어떤 결정을 내린 후에는 그 결과가 어떠하든 괜찮은 선택이었다고 합리화하기 때문이다. 인지부조화[4]를 설명하는 이 흥미로운 이론을 나는 나에게 쓰고 있다. 그 방법은 이러하다.

무조건 쓰고 있는 논문을 마무리해야 하는 상황이다. 그 전날 계획을 촘촘히 짜놨으나 아침에 눈을 떠보니 막막하다. 써야 할 논문의 분량이 만만치 않아 도무지 자신이 없다. 오늘 안에 논문을 완성할 수 있을지 확신이 서지 않는다. 미룰 수도 없다. 계획을 지키지 못해 스스로를 원망하는 악순환에 빠지고 싶지는 않다. 침대에서 고민하고 있는 바로 이 순간이 '문간에 발 들여놓기 기법'을 실행할 타이밍이다.

자, 먼저 발가락 하나 문간에 들여놓자. 내 마음의 문을 똑똑 두드린 뒤, 자신에게 묻는다. "혹시 책상에 앉아 유튜브를 볼 의사가 있나요? 노트북으로 〈김나영의 nofilterTV〉 틀어드릴게요!" 문이 활짝 열린다. 역시 매력적인 부탁이다. 이제 책상 앞에 앉아 영상에 심취한다. 때를 놓치지 않고 재빨리 발가락을 문턱 위로 내밀어본다. "아까 논문 오늘 안에 다 못 쓸 것 같아서 짜증 나고 누워만 있고 싶었죠? 그 기분, 충분히 풀리게 도와줄게요. 유튜브 영상을 원하는 만큼 보세요! 대신 어제 쓰다 만 논문 파일만 모니터 한쪽에 띄워두세요." 뭔가 미심쩍다. 하지만 노트북으로 나영 언니의 영상도 보고 있겠다, 그까짓 파일이야 열어두는 것은 쉽다. 여기까지 오면 다리 한 짝은 무사히 들어간 것이다.

이제 자신감을 가지고 집 안에 성큼 몸을 들여놓을 차례. "보고서 파일까지 열어주시다니 고마워요. 이왕 여기까지 온 김에 논문 파일을 잠깐 읽어주실 수 있나요? 많이도 아니고 두세 줄 정도예요." 속은 기분이 들지만, 어렵지 않은 부탁이니 조금 더 들어준다. 그렇게 다시 유튜브로 돌아온다.

그런데 이상하다. 자꾸 논문 파일에 눈이 간다. 논문이 '대체 언제 쓸 거냐'고 나를 타박하는 것 같다. 두 귀와 마음은 노트북 화면에 꽂혀 있지만, 두 눈은 논문 파일을 훑기 시작한다. '그래, 척이라도 해보자.' 펜까지 쥐니까 정신은 물론 양심까지 깨어난다. 나영 언니의 재치 있는 멘트가 귓등을 스치고, 나는 점차 논문에 빠져든다. 이렇게 문간을 넘어 집 안까지 무사히 들어온 것이다.

물론 이 모든 과정은 어제의 내가 미리 계획해둔 것이다. 노트북를 켜면 바로 김나영의 유튜브 채널이 보이고, 작업표시줄에는 논문 파일이 뜨게 해두었다. 실행에 많은 노력을 기울이지 않게끔 미리 장치해둔 것이다. 계획을 촘촘히 짜두면 목표를 완수할 가능성도 높아진다. 해야 할 일을 나름 촘촘히 짰다고 생각하는데도 여전히 심리적인 저항이 느껴진다면, 계획을 충분히 세분화하지 못한 것일 수도 있다. 할 일을 떠올렸을 때 정서적으로 압도되지 않도록 세부 목표 세우기에 더 힘을 쏟자. '더 작게', '더 쉽게'를 기억하라!

'면전에서 문 닫기 기법door-in-the-face technique'도 있다. 지나치게 큰 부탁을 거절한 뒤에는 상대적으로 작은 부탁을 더 쉽게 들어준다는 이론이다. 어려운 부탁을 거절했다 하더라도 미안한 마음이 드는 게 보통의 반응이다. 매정한 사람이 되고 싶지 않아서 앞선 부탁보다 상대적으로 쉬운 부탁은 들어주려 한다. 죄책감에서 벗어나고자 하는 심리가 반영된 이 기법은 일상에서도 전략적으로 사용할 수 있다. 하기 싫은 일이 있다면, 그나마 덜 하기 싫은 일을 먼저 하는 것이다. 해야 할 일의 갯수를 줄이고, 스스로를 행동하게 만드는 데 도움이 된다.

일은 시작하는 것이 중요하다. 계획을 실행하는 데 어려움이 있다면 '문간에 발 들여놓기'와 '면전에서 문 닫기' 전략을 이용해보자. 다만 이 전략은 즉흥적이기보다는, 언제 어떤 상황에서 이용할 것인지를 체계적으로 계획하는 것이 좋다. 일을 시작하지 못할 때, 어떤 일부터 시작해야 좋을지 몰라 우왕좌왕할 때 유용하다. 여기서 전략을 이용하라는 말은 '이쯤이야 가뿐히 해낼 수 있다'는 생각이 들 때까지 계획을 작은 단위로 쪼개고 목표 완수를 위한 자기만의 장치를 마련하라는 의미다. 이때 중요한 것은 모든 일을 '잘' 해낼 필요가 없다는 마음이다. 장기적으로 할 일을 해내는 습관을 기르는 것이 중요하다. 우리 집 냉장고와 책상에는 '오늘 대충이라도 하자'라고 적힌 포스트잇이 붙어 있다. 완벽해야 한다는 부담을 갖지 않도록 하자.

셀프 토크

나의 취미는 독서다. 그런데 이마저 미룰 때가 많다. '좀 더 집중하기 좋은 환경에서 읽어야지. 그때는 읽는 족족 머리와 마음에 새길 수 있을 거야.' 독서에도 절호의 타이밍이 있다고 스스로를 속이는 것이다. 싫어하는 일을 해야 할 때도 마찬가지다. ADHD 환자는 할 일의 난이도와 하기 싫은 마음을 과장해서 받아들이기 때문에 지연 행동을 보이곤 한다. 이런 상황이 닥칠 때마다 나는 셀프 토크를 한다. 스스로에게 말을 걸면서 나 자신을 설득하는 것이다.

'지금 해도 내 일, 나중에 해도 내 일이다. 그냥 지금 하자. 미루면 쌓이고, 쌓이면 내일의 내가 또 고생한다.'

'생각해봐. 지난번에도 하기 싫어했지만, 막상 해보니 그리 어렵지 않았잖아. 오히려 일을 미루다가 하루가 다 갔다고, 괜히 시간만 아깝게 보냈다고 후회했어. 이번에도 마찬가지일 거야. 조금만 해보자. 혹시 알아? 이번 일도 내 예상보다 훨씬 더 쉽게 해치울지?'

이런 혼잣말이 별 게 아닌 것 같아도, 막상 해보면 쓸모없지 않다. 다른 사람이 생각 없이 던진 한마디에도 마음의 상처를 받고 패배감을 느끼지 않는가? '할 수 있다'는 응원의 말도 그렇다. 나의 기분과 행동을 바꾼다. 물론 누군가 곁에서 나를 토닥이며 위로해주고 용기를 불어넣으면 더할 나위 없이 좋다. 하지만 다들 자기 앞가림하느라 바쁜 세상이다. 내가 먼저 나를 살피고 챙기자. 내 능력을 과장해 응원하라는 게 아니다. 하기 싫은 일의 난이도나 그에 요구되는 시간을 정확히 직시하고, 일을 시작할 수 있게 스스로를 돕자는 말이다.

15분

이렇게 '시작'에 공을 들이는 이유가 있다. ADHD 환자의 '동기' 문제이다. ADHD 환자는 목표하는 행동을 자발적이고 수월하게 시작할 만한 동기를 유지하는 일에 어려움을 겪는다. 어떤 일에 집중하다가 다른 일에 쉽게 관심을 빼앗기는 경우도 있다. 지연 행동과 낮은 동기가 ADHD 증상에 포함되는 정도다. 그나마 다행인 것은, 일단 일을 시작하면 그 뒤는 꽤 수월하다는 점이다. 그러므로 우리는 스스로에게 몰입할 수 있는 기회를 더 적극적이면서도 더 자주 제공해야 한다.

'몰두'에 도달하기 위해 필요한 준비물은 타이머다. 일을 시작하기 위해 최소한 견뎌보려고 애쓰는 시간을 가지는 것이다. 마음이 썩 내키지 않아도 시도하고 참아볼 수 있는 최소한의 시간. 내 경우에는 15분이다. 길지도 짧지도 않은 이 시간은 내가 몰입할 수 있는 기회이다. 15분 동안 어떻게든 목표한 행동을 하고자 한다. 타이머의 알람이 울리고 난 후 그 행동을 지속하는 데 실패할 수 있다. 그렇다 하더라도 스스로에게 과도한 죄책감을 갖지 않을 수 있다. '그래도 15분 동안은 하려고 노력했으니, 완전히 무책임했던 건 아니야'라고 스스로를 다독일 수 있다.

타이머는 디지털 타이머나 스마트폰 앱, 온라인에서 제공하는 서비스를 이용할 수 있다. 나는 '뽀모도로 타이머Pomodoro Timer'를 이용한다. 이 타이머는 프란체스코 시릴로Francesco Cirillo가 개발한 시간 관리법인 '뽀모도로 기법Pomodoro Technique'을 기반으로 한다. 이 기법은 토마토 모양의 요리 타이머를 이용해 25분간 집중하고 5분간 휴식을 취하는 방식에서 착안했다.[5] 나도 그 이야기를 듣고 뽀모도로 타이머를 구매했는데, 지금까지 유용하게 쓰고 있다. 타이머를 사용하는 것이 영 어색하다면, 좋아하는 노래로 나만의 목록을 만들어 이를 재생하는 것도 방법이다. 즐겨 보는 유튜브 영상을 틀어두고, 영상이 끝날 때까지만 해본다는 생각으로 시간을 보내도 좋다.

자기가 정한 시간 동안 꼭 열심히 할 필요는 없다. 일단 하기 시작하면, 목표 행동을 지속하는 것은 더 쉬워진다. 15분, 30분이 짧은 시간처럼 느껴진다면 몰입에 빠르게 도달한 것이다. 이를 습관화하자. 열심히 세워둔 계획을 못 본 척하던 일이 차츰 사라지고, 어떻게든 그 시간을 더 생산적으로 보내고 싶은 마음이 들 것이다.

이런 규칙을 정하고 시도하는 것은 무엇보다 자기 행동 제어에 큰 도움이 된다. ADHD 환자는 주의를 전환하고 싶은 유혹을 억제하기 어려워한다. 목이 마르지도 않은데 물을 마시려고 자리를 뜬다든가, 물을 마시다가 궁금하지도 않은 보리차의 효능을 검색하는 것이다. 이렇게 갑자기 주의에 방해가 되는 생각과 행동도 특정 시간 동안 제어해볼 수 있다.

15분 동안 집중하는 일이 쉽지만은 않다. 책을 보다가 나도 모르게 인스타그램을 열고 피드를 넘길 수 있다. 시간이 한참 흐른 뒤에야 타이머의 존재를 번뜩 떠올릴지 모른다. 그러고 나면 비밀을 들킨 것처럼 부끄러울 것이다. 타이머에 대고 변명이라도 하고 싶은 심정일 것이다. 이때 좌절하고 포기하지 말자. 남은 시간은 다 채우겠다는 마음으로 다시 시작하라. 타이머를 작동한 지 얼마 안 되어 오늘 꼭 해야 하는 중요한 일과가 떠오를 수도 있다. 그러면 일단 떠오르는 것을 메모하고 남은 시간은 원래의 목표대로 채운다. 15분을 세 번 채워야 45분이 지나는 것이니, '집중력이 좋다'며 오만해지기도 어렵다. 15분이 아니어도 좋다. 내가 정한 시간을 지키려고 노력하자.

미래 예측하기

대학원 재학 시절 인지행동치료 수업을 들었는데, 당시 교수님은 매번 말씀하셨다. 하루에 10분씩 10년 뒤를 내다보아야 한다고. 10년 뒤를 상상하면 5년 뒤에는 무엇을 하고 있어야 하는지, 5년 뒤를 위해 1년 뒤에는 무엇을 해두어야 하는지 고민하게 된다. 그리고 내일은, 오늘은, 지금 당장은 어떤 일을 해야 하는지에 대해 구체적으로 계획하게 된다.

하지만 ADHD 환자에게 시간을 관리하고, 어떤 일에 얼마만큼의 시간이 드는지 예측하는 일은 쉽지 않다. 게다가 집중하기가 어려워 일을 제시간에 끝내지도 못한다. 이러니 시간을 지켜야만 하는 일상의 작고 큰일이 버거울 수밖에 없다. 사소하게는 약속 시간에 맞춰 약속 장소에 도착하는 일부터, 크게는 회사에서 진행하는 프로젝트의 마감일을 맞추는 일까지 그러하다.

ADHD 환자가 미래를 예측하는 데 어려움을 겪는 주 원인은 어떤 일에 소요되는 시간을 추정하고, 시간의 흐름을 인지하는 능력이 부족하기 때문이다. 예를 들어, 친구와 오전 11시에 서울 시청 앞에서 만나기로 했다고 하자. 이때 ADHD 환자는 아침에 일어나 준비하고 집에서 출발하는 데 걸리는 시간을 예측하지 못한다. 씻고 옷 입는 데 30분이 필요하지만, 15분이면 충분하다고 잘못된 판단을 내리는 식이다. 그런 이유로 너무 늦거나 너무 일찍 집을 나선다. 회사의 중요한 프로젝트를 담당하게 된 상황에서도 마찬가지의 일이 반복된다. 마감일을 고려해 일을 세분화하고 그에 따른 작업 기간을 예측한 뒤 일의 우선순위를 정해야 한다. 이후 단계별로 업무를 해결해나가야 기한에 맞춰 프로젝트를 마무리할 수 있다. 하지만 일을 세분화하는 것은 물론이고, 세분화된 각각의 업무를 이행할 때 어느 정도의 시간이 드는지 가늠하는 것을 어려워한다. 어쩔 수 없이 지금 당장 할 수 있거나 하고 싶은 일을 한다든가 계획에 없던 일을 추가한다. 중요하고 급한 일을 할 소중한 시간을 공중에 날려버리는 것이다.

평소에 타이머를 활용해 일과에 드는 시간을 측정하는 일과 일의 집중도를 높이는 훈련은 그래서 중요하다. 내가 예측한 시간과 실제 소요되는 시간의 간극을 정확히 이해할 수 있기 때문이다. 이를 통해 구체적인 계획을 짜고, 각 과정에 걸리는 시간을 예측하는 능력이 향상될 것이다.

판단 보류하거나 거절하기

약속을 지키고 주요 업무를 잘 이행하는 것은 물론 중요하다. 하지만 그에 앞서 꼭 필요한 과정이 있다. 그것은 바로 할지 말지를 결정하는 순간이다. 살면서 누군가와 약속을 하거나, 누군가로부터 매우 중요한 제안을 받는 상황이 생기기도 한다. 충동성이 높은 ADHD 환자는 약속이나 제안에 대해 빠르게 판단하고 결정한다. 물론 즉각적인 판단과 결정이 필요할 때도 있다. 하지만 ADHD 환자는 상황에 대해 완전히 이해하지 못한 상황에서도 심사숙고하기보다 충동적으로 결론 내린다. 목표를 향해 나아가는 의지와 목표에 따른 세분화된 계획을 마감일에 맞춰 진행하는 능력이 부족하기 때문에 이러한 행동은 득이 아닌 실이 될 위험이 높다.

당장 결정해야 하는 일이 아니라면 판단이나 대답을 유보해보자. "생각 좀 해볼게", "미안한데 그건 안 되겠어" 같은 말이 실전에서도 자연스레 나올 수 있도록 미리 연습해두자. 대답을 유보하거나 거절할 경우 상대의 기분을 망치거나 분위기가 어색해질까봐 두려워할 수도 있다. 이 긴장되는 순간이 지나가길 바라는 마음과 나중에 이 상황을 수습하겠다는 안일한 태도도 한몫할 테다. 하지만 ADHD 환자의 경우 스스로에게는 더 올바른 선택을 할 수 있는 시간이 절실하다. 판단을 유보하거나 거절하는 일은 지금 잠깐은 불편할 수 있지만 장기적으로는 훨씬 이롭다. 타인과의 관계를 매우 중요시하는 상대라면 이렇게 말해보자. "다음 주에는 시간이 될 것 같아. 그래도 혹시 모르니까 집에 가서 다시 확인하고 내일 알려줘도 될까?" '당장 결정 내리고 싶다'는 욕구와 '판단은 뒤로 미루자'는 다짐의 중간에 잠시 멈춰서는 대답이다. 이후 일의 우선순위를 매기고 현실적인 요건을 고려해 결정을 내리자.

우리에게 도움이 되는 것들

앞서 우리는 원하는 것이 있을 때, 주어진 의무와 책임이 있을 때 행동에 앞서 마음에 드는 저항감을 어떻게 하면 최소화하고 목표를 실현할 수 있는지 살펴보았다. 인지적 기능을 높이는 위 전략들을 실생활에 시도해보았는가? 쉽지는 않았을 것이다. 우리에게는 이를 보다 수월하게 도와줄 친구가 필요하다. 때맞춰 가슴을 활활 타오르게 하는 힘 같은 것. 바로 '동기'다.

동기라는 뜻의 영어 'motivation'은 움직이다는 뜻의 라틴어 'movere'에서 유래했다. 인간의 행동을 활성화한다는 의미다. 인간은 동기가 있어야 어떤 목표를 향해 행동할 수 있고, 확신과 활력을 갖고 목표 지향적인 행동을 지속한다. ADHD 환자는 목표 행동의 동기를 오래 유지하지 못한다. 분명 가슴이 끓어오르기는 하지만(어쩌면 다른 사람들보다 더 자주 그렇다), 언제 그랬냐는 듯 금세 식어버린다. 동기를 오래도록 유지해야 앞서 배운 인지행동적 기술도 비로소 활용할 수 있다.

그렇다면 동기는 어떻게 발생하는가? 동기는 괴리에서 오는 불편으로부터 출발한다. 바라는 것과 현실 사이의 괴리, 충족되지 못한 욕구, 결핍, 박탈, 부족, 불만, 아쉬움 등이 변화하고자 하는 동기를 불러일으킨다.

그런데 바라는 것과 현실 사이의 괴리, 그로부터 오는 불편을 감내하는 사람들이 있다. 혹은 불편을 느끼고 있음을 인지하지 못하거나, 알아도 애써 무시한다. 불편한 현실을 '다들 이렇게 살겠지. 그러니 나도 지금 괜찮은 상태일 거야' 하며 불편한 현실을 왜곡해 받아들임으로써 냉정함과 평온을 유지한다. 아니 체념한다. 이 익숙한 이야기의 주인공은 바로 ADHD 환자이다.

ADHD 환자는 욕구에 끌려다니는 삶을 산다. 충동적인 욕구를 억제하거나 조절할 힘이 부족해서다. ADHD가 있는 아동들의 심리 검사 결과에서 욕구 불만이 발견되지 않을 때가 많다. 건강한 욕구든 건강하지 못한 욕구든 간에, 욕구 충족의 방식이나 그 결과가 바람직하든 바람직하지 못하든 간에 우선 행동하기 때문이다. 욕구가 쌓일 틈이 없다.

모순적이게도 이러한 즉각적이고 충동적인 욕구 충족으로 인해 ADHD 환자는 장기간에 걸쳐 수많은 거부와 거절, 실패를 경험한다. 이러한 상황이 반복될수록 아무것도 소망하지 않는 편을 택하게 될 가능성이 높다. 소망하더라도 행동하지 않고, 다른 사람들의 판단과 결정에 스스로를 맡긴다. 점차 자신의 욕구가 부적절하다는 확신은 강해지고, 그 욕구를 충족하기 위해 행동할 자격이 없다고 느낀다. 결과적으로 자신이 바라는 것이 무엇인지 알지 못하는 상태가 가장 편하고 만족스러울 수 있다. 바라는 것과 현실 사이의 괴리를 감내하게 되는 것이다. 이러한 상태가 지속될 경우, 보이지 않는 곳에서 몸을 부풀려가던 욕망이 터져 나와 스스로를 집어삼킬지 모른다. 그때가 되면 이미 늦다.

나는 ADHD 환자로서 나와 같은 여성들이 가장 먼저 해야 할 일은 그동안 잊었거나 잃어버렸던 욕구와 욕망을 찾아내는 것이라고 생각한다. 지금이라도 습관처럼 꾹꾹 눌러 마음속 깊이 묻어버린 욕구와 욕망을 하나씩 파헤쳐보자. 그러고 나서 욕구와 욕망의 얼굴을 직면하라. 그것이 현실과 불일치할 경우 동기가 형성된다. 비로소 불편, 결핍이라는 장작을 찾아냈기 때문이다. 그러면 가슴은 원치 않아도 활활 타오를 것이다.

이제 욕구와 욕망을 찾는 방법에 대해 이야기해보려고 한다. 우리가 찾은 욕구와 욕망은 가슴속 불길이 꺼지지 않도록, 바람에 흔들릴지라도 몇 번이고 소생할 수 있도록 돕는 동기가 될 것이다.

마음 들여다보기

어느 날 승진에 도움이 되는 큰 프로젝트를 제안받았다. 스스로를 의심하고 욕망을 외면하기에 급급한 나의 머릿속에는 이런 생각들로 가득 찬다.

'내가 이걸 어떻게 해?'

'시작했다가 지난번처럼 마감일을 못 지킬 게 뻔해.'

'나한테 이런 제안은 왜 한 걸까? 지나가는 말로 한 거겠지.'

'정말 하기 싫다. 생각만 해도 피곤해.'
'굳이 더 욕심내고 싶지 않아. 지금 하는 일에 만족하자.'

한편, 마음 깊은 곳에서 작은 목소리가 들린다.

'좋은 기회인데 놓치고 싶지 않아.'
'다들 내가 이걸 해낼 수 있다고 생각하네. 나도 그렇고.'
'지난번 프로젝트 덕분에 앞으로 무엇을 조심해야 하는지 알게 되었어. 이제 같은 실수를 반복하지 않을 자신도 있고.'
'여기에서 더 나아가보고 싶어. 더 멀리 가면 뭘 배우고 얻게 될지 알고 싶어.'

이때 해야 할 일이 있다. 이 작은 목소리가 사라지지 않도록 꽉 붙잡아야 한다. 기대와 희망, 호기심, 자신감, 야망 같은 진짜 욕구가 걱정과 염려 뒤에 숨은 것일 수 있기 때문이다. 내 내면의 목소리를 외면하지 말고 잠시 가슴에 머무르게 시간을 주자. 현실적으로 큰 프로젝트를 맡는 것이 불가능하다고 결론 내릴 수도 있다. 그렇더라도 욕망을 찬찬히 살펴본다면 분명 장기적인 측면에서 자신에게 도움이 된다.

'결국 그 제안은 거절했어. 충동적으로 한다고 했다가 피곤해질 뻔했네. 승진은 더 멀어졌지만, 좋은 결정이었다고 생각한다. 후련함이 더 크다.'

'내가 거절한 제안을 다른 팀에서 수락했구나! 그런데 기분이 이상하네. 아쉬워서 그런가? 그 사람만큼 나도 잘 해낼 수 있을지 몰라.'

'며칠 동안 마음이 불편했어. 사실 내가 그 일을 맡고 싶었나보다. 자신도 있었는데 너무 주저했던 거야. 다음부터는 그런 기회가 오면 놓치지 말자.'

이런 경우도 있다. 학교 도서관에서 과제를 마무리하느라 정신없다. 이때 아빠로부터 엄마와 언니 사이가 좋지 않으니 일찍 집에 들어오라는 연락을 받는다. 짧은 메시지이지만 머릿속에서는 서로 다른 욕구 간의 다툼이 일어난다. 과제를 마무리해 내 일을 잘하는 사람으로 남고 싶은 욕구와, 소중한 가족을 위해 중재자가 되고 싶은 욕구. 이 둘 중 나에게 가장 기대되는 역할은 무엇인지, 내가 정말 바라는 나는 어떤 모습인지, 내 선택에 따른 득과 실은 무엇인지 고민한다. 그 과정에서 나 자신에게 진짜 중요한 가치란 무엇인지 알게 된다.

이런 식으로 욕구가 점진적으로 드러나기 위해서는 작은 단서라도 쥐고 있어야 한다. 감정들이 순간적으로 머릿속을 스칠 때마다, 가치 판단이 필요한 순간마다 멈춰 서서 자문해보아야 한다. 내가 하는 걱정이나 염려는 정말 객관적인 현실과 맞닿아 있나, 혹은 과대 망상인가? 이건 내 욕구인가, 아니면 학습된 욕구인가? 이렇게 자신의 진짜 욕망을 알게 되면 상황은 달라진다. 현실과의 괴리에서 오는 불쾌감이나 분통함이 곧장 동기가 되어 가슴에 불을 지를 것이다.

성공 경험 끄집어내기

욕망, 더 나아가 동기까지 찾았다. 이제 필요한 것은 목표를 실현할 수 있는 힘이다. 여기서 힘이란 외적 요소인 체력이 아닌 내적 요소인 정체성을 뜻한다. 좀 더 구체적으로 말하자면 ADHD 증상으로 잃어버린 정체성을 의미한다. '건강하고 가능성 있는 개인'으로서의 정체성을 회복해야 하는 것이다.

그러기 위해서는 먼저 기억을 더듬어야 한다. 자랑하고 싶어서 입이 근질거릴 만한 성취부터, 기억 저편을 뒤져야만 나오는 소소한 성과까지 모두 찾아내자. 실패 기억에 압도되어 그동안 주목하지 못했던 성공 기억들을 한데 모으는 것이다. 그것이 나의 잠재능력이다.(아주 최소한이 그 정도다.) 이 성공 기억들을 들여다보면 어떤 일을 해낼 용기가 불쑥 고개를 들지도 모른다.

성공 경험을 끄집어내는 일이 중요한 이유가 또 있다. 스스로를 보잘것없고 쓸모없는 존재라고 여기면 그와 관련된 단서만 찾아 헤매기 쉽기 때문이다.

'지난번 학회에서 이 주제로 발표했다가 누구의 관심도 받지 못했지. 이번 발표도 비슷할 것 같다. 기대하지 말자.'
'대화하는 내내 친구 표정이 안 좋네. 반응도 시원찮고. 나랑 대화하는 게 재미없나? 아니면 내가 친구 기분을 상하게 했나? 얼마 있다가 싸우고 다시는 못 보는 거 아닐지 모르겠다.'

마치 자기혐오에 빠진 사람 같다. 자신이 실패할 수밖에 없는 단서를 아주 작고 사소하더라도 놓치지 않는다. 심리학적 용어로 이러한 경향을 '확증 편향'이라고 한다. 원래 가지고 있는 생각이나 신념을 확인하려는 경향성을 말한다. 하지만 아무리 자기혐오적인 사람도 훈련을 통해 확증 편향에서 벗어날 수 있다.

'지난번 발표 주제가 관심을 받지 못한 건 사실이야. 그렇다고 사람들이 이번 발표 주제도 지루하게 여길 거라는 근거가 있나? 애초에 지난번 주제에 사람들이 무관심했다는 근거도 없어. 다들 무표정으로 앉아 있었다고 내가 선택한 주제가 별로였다는 건 아니잖아. 나도 흥미로운 발표를 들으면서 겉으로는 전혀 내색하지 않았어. 전에도 사람들 반응에 실망했다가 막상 평가는 좋아서 놀랐지. 그때의 경험을 떠올리자.'

'친구가 내 말에 격하게 반응하지 않았어. 근데 그런 반응이 내가 싫다는 뜻은 아니지. 점심시간에 마저 이야기하자고 친구도 말했잖아. 그건 나와 즐거운 시간을 보냈다는 증거 아닌가? 어제도 똑같은 걱정을 했지만, 결국 집에 갈 땐 사이좋게 같이 갔지. 잊지 말자.'

심리 치료에서는 상황을 보는 다른 시각을 전달하는 과정이 자주 이루어진다. 주의의 폭을 넓히거나 시각을 조금만 달하면 같은 상황이라도 그 해석이 달라진다. 이때 필요한 것이 바로 성공 경험이다. 우리가 해낸 것들을 외면하거나 그 의미를 축소하지 말자. 결과의 공을 다른 사람에게 돌릴 필요도 없다. 크고 작은 성공 경험을 모아 실패의 순간이 올 때마다 꺼내보자. 나의 정체성을 회복한 뒤에야 앞으로 나아갈 수 있다.

롤 모델 찾기

나의 진짜 욕망을 찾았다. 기억 속의 크고 작은 성공 경험을 긁어모아 나의 가능성을 믿어보기로 했다. 이제는 욕망을 실현하기 위해 행동할 때다. 그런데 문제가 있다. 오랫동안 나의 능력을 한계 짓고 살아왔는데 잘할 수 있을까 걱정이 앞선다. 다른 사람들의 시선도 신경 쓰인다. 욕심이 많은 사람, 이기적인 사람처럼 보일까봐 불안하다. '사실 이 일은 내가 하고 싶어서 하는 게 아닌 것 같아' 내가 나를 속인다. 그럴 때 도움이 되는 방법이 있다. 바로 롤 모델role model을 이용하는 것이다.

롤 모델은 미국의 사회학자 로버트 머튼Rober K. Merton이 처음 사용한 용어로, 한 사람을 자신이 되고 싶은 하나의 표본으로 삼는다는 것을 의미한다. 임상심리학자인 나의 롤 모델은 퍼트리샤 퀸 박사다. 그는 여자아이의 ADHD 진단 배제에 관해 연구했으며, 아동과 성인을 위한 ADHD 관련 도서를 20권 이상 집필했다. 나는 그를 롤 모델로 삼고 이 책을 썼다. 원고를 쓰고 몇 번의 개고 과정을 거치는 동안 이런저런 걱정으로 불안했다. '나와 같이 아동·청소년기에 ADHD를 진단받지 못해 어려움을 겪는 여성들에게 도움을 주고 싶은데, 과연 나는 제대로 하고 있는 걸까?' 그런 생각이 들면 키보드를 두드리는 손도 멈칫댔다. 그럴 때마다 퀸 박사의 논문을 펼쳤다. 나는 ADHD 여성 환자들을 위해 연구하고, 여자아이와 성인 여성 ADHD 환자를 위한 국립 센터를 연 그녀의 이력에서 힘을 얻었다.

이렇듯 롤 모델은 내가 가고자 하는 목표에 어떤 노력이 필요한지, 내가 어디까지 왔고 얼마나 더 가야 하는지 짐작하게 한다. 그만두고 싶은 충동성을 조절하는 데에도 큰 도움이 된다. 내 능력을 가늠해볼 만한 기준으로도 삼을 수 있다.

롤 모델이 꼭 한 명일 필요는 없다. 나는 직업인으로서의 나, 작가로서의 나, 가족 구성원으로서의 나, 연인으로서의 나, 한 인격체로서의 나가 각각 다르다. 그러므로 나의 역할, 내가 처한 상황에 따라 롤 모델을 삼는 이들이 다를 수 있다. 직장에서는 기획자이자 진행자로 활동하는 방송인 송은이를 롤 모델로 삼는다. 그가 권위를 내세우지 않고 후배, 동료 들의 의견을 경청하며, 진행하는 프로젝트에 반영하는 모습을 지침 삼아 나 또한 좋은 선배가 되고 싶다. 누군가와 협업해야 할 때마다 그의 사려 깊은 말과 행동을 떠올린다.

업무가 부담되어 포기하고 싶은 마음이 들 때는 성악가 조수미가 큰 힘이 된다. 그는 어린 나이에 로마로 유학을 떠났는데, 당시 일기장의 첫 장에 이렇게 썼다고 한다.[6]

'앞으로 지켜야 할 것 다섯 가지'

1. 어떤 고난이 닥쳐도 꿋꿋이 이겨내며 약해지거나 울지 않을 것.
2. 절대 약하거나 외로운 모습을 보이지 않으며 도도하고 자신만만할 것.
3. 어학과 노래에 온통 치중할 것.
4. 항상 깨끗하고 자신에게 만족하는 몸가짐과 환경을 지닐 것.
5. 말과 사람을 조심하고, 말과 행동을 분명히 할 것.

그의 글을 읽으며 나는 나의 태도를 점검하고 다시 시작하자고 다짐한다.

아침부터 밤까지 빡빡한 스케줄에 지쳐 스스로의 처지를

한탄할 때면 골프 선수 박세리의 강인한 모습이 떠오른다. 강도 높은 훈련에도 지친 내색 않고, 자기 연민에 빠지지도 않는 그는 묵묵히 자신의 할 일을 해나간다. 나는 어디서나 당당하고 떳떳한 태도를 유지하던 그를 상기한다. '나도 박세리처럼 해보자!'라고 결심하며 그의 태도를 모방해본다.

해도 해도 끝이 없는 공부의 양에 괜스레 억울해질 때면, 범죄심리학자 박지선 교수와 이수정 교수가 큰 도움이 된다. 범죄 현장에서 피해자를 위해 애쓰는 그들의 용기 있는 목소리가 담긴 인터뷰와 책을 읽는다. 앞으로도 임상심리 일을 계속할 수 있을까 의구심이 드는 순간도 있다. 이럴 때 가장 큰 힘이 되는 이는 소아·청소년 정신과 전문의 오은영 박사다. 그가 많은 아이와 양육자에게 도움을 준 것처럼 나 또한 그런 사람이 되자는 의지를 다진다.

롤 모델이 멀리 있지만은 않다. 우리 주위에는 함께 일하는 후배, 선배, 동료가 있다. 오늘 완성해야 하는 임상심리 보고서가 잔뜩인데 집에 가고 싶다면, 옆자리에 앉은 선배를 본다. 성실히 보고서를 써나가는 동료에게서 견디는 법을 배운다. 나와 비슷한 업무량을 처리하면서도 언제나 여유 넘치는 동료가 있다면, 보다 적극적으로 도움을 구할 수 있다. 어떤 프로세스로 일을 처리하는지, 일주일 스케줄은 어떻게 짜는지, 어떤 방식으로 메모해야 효과적인지 등을 묻고 따라해본다. 누구보다 앞장서서 경조사를 챙기는 후배에게는 타인을 향한 섬세함을 구체적으로 배워본다. 다른 이들의 특별한 날들을 기억하고 챙기는 법, 성실한 애정을 쏟는 마음을 유지하는 법을 적극 실천해본다.

팟캐스트

목표를 향해 나아가는 과정에서 동력이 부족해지는 순간이 찾아올 때가 있다. 가슴에 불을 지피던 동기도 점차 희미해지고, 이전의 나로 되돌아갈 것만 같은 직감이 든다. 그럴 때마다 나는 꺼져가는 불씨에 숨을 불어넣는 심정으로 허둥지둥 찾는 것이 있다. 바로 팟캐스트다. 자기만의 전문성을 가지고 한 분야에서 오래도록 성실히 자기 자리를 지켜온 여성들의 채널을 켠다.

〈듣다 보면 똑똑해지는 라이프〉는 중앙일보와 JTBC에서 제작하는 시사·교양 팟캐스트로, 소속 기자들이 출현해 시사, 경제, 문화 등의 이슈를 전한다. 〈이수정 이다혜의 범죄 영화 프로파일〉은 범죄심리학자 이수정 박사와 영화전문지 〈씨네21〉의 이다혜 기자가 범죄 영화를 분석하고 그 안에서 여성과 아이들이 피해자로 소비되는 문제, 우리 사회가 나아가야 할 길에 대해 이야기한다. 이 두 팟캐스트는 특히 퇴근길에 열심히 듣는다. 정신적으로 피로해지면 좋은 임상심리학자가 되겠다는 다짐도 흔들리는데, 그럴 때 큰 버팀목이 된다.

〈송은이 김숙의 비밀보장〉은 방송인 송은이와 김숙이 진행하는 채널로, 진행자의 만담과 구독자와의 긴밀한 관계가 큰 매력이다. 저하된 기분을 끌어올리고 싶을 때나 가사노동을 할 때 듣는다. 이들의 이야기에 한바탕 웃고 나면 무슨 일이든 유쾌하게 헤쳐나갈 수 있을 것 같다.

아무것도 할 수 없을 것만 같은 기분이 들 때 여성들의 또렷하고 명랑한 목소리를 찾는다. 그들의 이야기를 듣고 있자면 가슴이 부푼다. 침대에 널부러진 몸을 일으켜 당장 책상에 앉을 기운을 얻는다. 그들이 전하는 정보와 그것을 전달하는 구성 방식, 말하기의 태도 같은 것을 배울 수 있다는 것도 큰 장점이다. 나 혼자 잘 살아가기보다는 더 많은 여성과 함께 나아가고 싶은 마음이 든다. 이 방송들 덕분에 그동안 견딜 수 있었다. 각자의 방식으로 자기 자리를 지켜온 그들은 나의 친구이자 소중한 롤 모델이다.

여성들이 중심에 서는 콘텐츠가 많아지고 있다. 반갑고 기쁜 일이다. 그중에서도 나는 팟캐스트를 선호한다. 콘텐츠를 좀 더 주체적으로 소비할 수 있기 때문이다. 영상물은 청각뿐만 아니라 시각의 집중을 필요로 한다. 게다가 한번 보면 멈추기 어렵다. 뇌는 물론이고 영상 속 정보를 흡수하는 태도 또한 매우 수동적으로 변한다. 통제력을 상실하기 쉽다.(밤낮없이 유튜브를 보다가 소중한 주말을 몇 번이고 날렸다.) 아무리 좋은 콘텐츠도 일상의 균형을 잃지 않는 선에서 소비하는 것이 중요하다. 그런 이유로 나는 롤 모델이 나오는 영상은 아껴두었다가 시간을 정해 하나씩 본다. 자기 조절 능력에 맞는 매체와 콘텐츠를 찾고, 목표를 향해 나아갈 동력을 얻어보자.

플레이리스트

노래에서 힘을 얻을 수도 있다. 나는 누군가에게 버림받을까 두려울 때, 다른 사람들 앞에서 진짜 원하는 것을 말해야 할 때, 새로운 도전 앞에서 주저할 때 반복 재생해 듣는 노래가 있다. 싱어송라이터 심규선의 〈너의 존재 위에〉다. 특히 "너의 존재 위에 무언가를 두지마. 어떤 내일도 오늘을 대신할 순 없어"라는 가사에서 용기를 얻곤 한다. 노래를 듣기 전과 후로 나는 매번 더 나은 사람이 된다.

나의 전투력을 상승시키는 노래도 있다. 뮤지컬 〈엘리자

벳〉에서 배우 조정은이 부른 〈나는 나만의 것〉이다. "내 인생은 나의 것"이라는 가사를 통해 알 수 있듯, 이 노래에는 자유를 갈구하는 엘리자벳의 심정이 담겨 있다. 듣고 있으면 어떤 힘든 일이든 박차고 나아갈 수 있고, 진정 원하는 것은 어떻게든 쟁취할 수 있을 것만 같다. 전투력 충전, 4분이면 충분하다.

나를 위한 플레이리스트를 만들어보라. 한번 들으면 가슴이 불타오르는 곡, 매번 들을 때마다 나를 움직이게 하는 곡, 월요일 아침 출근길에 들을 만한 곡, 주저앉아 있는 나를 일으키는 곡……. 음악은 모든 순간에 유용하다.

지금까지 내가 ADHD를 진단받고 치료에 이르는 여정을 통해 정신건강 영역에서 젠더 편향의 역사가 얼마나 뿌리 깊은지 살펴보았다. 나는 ADHD 증상을 의심하는 이, ADHD 진단을 받은 환자, 자신 외의 ADHD 여성이 어떤 모습으로 살아가는지 알지 못해 두려운 여성, 자녀에게서 ADHD 증상을 발견하고 걱정하는 부모들에게 도움이 되기를 바라며 이 책을 썼다. 에필로그를 쓰는 지금도 더 많은 이야기를 하지 못했다는 아쉬움이 남는다. 그래도 ADHD 여성의 실제 사례로서 나의 이야기를 전할 수 있어 다행이다. 독자들이 나를 보며 안도하고, 동지애와 연대감을 느끼고, 그리고 이를 동력 삼아 세상에 그들의 이야기를 더 활발하게 나누어주길 바란다.

이렇게 말하는 동안 가슴 한구석이 따끔하다. 죄책감 때문이다. 정신건강 전문가들의 책임을 여성들에게 떠넘기고 있는 것 같다. 대신 변명을 늘어놓자면, 심리학·정신의학계는 셀

수 없이 많은 연구가 이루어지고 있어 최신 동향을 따라가는 일로 눈코 뜰 새 없이 바쁘다. 그 와중에 젠더 이슈가 뒤로 밀려나는 일이 그리 이상하지 않다. 물론 여성과 젠더에 관한 심리학 문헌이 기하급수적으로 나왔던 시절도 있다. 특히 심리학계에서는 '남성 전형적인 특성을 표준으로, 여성의 특성을 결핍으로 묘사하는 이론들', '심리학의 기초 지식에서 여성을 소홀히 취급해 옴', '심리학적 성차의 많은 것이 사회적 지위의 불평등과 권력 관계를 반영함', '정신건강 전문가가 여성이 스스로 보고한 경험의 정당성을 경시함' 등에 관한 논의가 활발했던 적도 있다.[1] 1970년대에서 1980년대 초 사이의 일이다. 그런데 이 논의가 낯설지 않다. 2021년 지금 이 책이 여성 ADHD와 관련해 제시한 의문점들과 동일해 보인다. 한참 전에 해결되었어야 할 문제들이 여전히 문제적인 것으로 남아 있다.

나는 정신건강 전문가들이 인간에게 깊은 애정을 갖고 있다고 믿는다. 다만 나를 비롯해 그들 또한 성 고정관념에서 자유롭지 못하다. 그 사실을 인정하고, 여성의 심리와 정신건강에 대한 이해, 그리고 민감성을 길러야 한다. 그것이야말로 인간에 대한 애정을 증명하는 가장 어렵고도 쉬운 일일 것이다. 이 책이 그 작은 불씨가 되길 기대해본다.

부록

☑ 약물일기

☑ 주석

약물 일기

ADHD 환자의 약물치료를 진행할 때 약의 종류와 용량은 환자의 상태에 따라 결정된다.(약물치료가 모두에게 필요한 건 아니다.) 나는 약물치료를 위해 ADHD 치료제 중 일반적으로 사용되는 콘서타 오로스 서방정 Concerta oros tab(이하 '콘서타')을 복용했다. 콘서타는 메틸페니데이트 methylphenidate 계열의 약물이다. 식욕 저하, 불면 등의 부작용이 있긴 하지만 나의 경우에는 경미한 정도로 경험했다. 매달 3만 5천 원 정도를 약값으로 쓰고 있다. 그 가격이 부담스러울 때도 있지만, 콘서타의 효과를 고려하면 아깝지 않다.

약물 일기는 약물 복용으로 인한 신체적·정신적 변화를 미세하게 감지하고 치료 경과를 살피기 위해 쓰기 시작했다. 따라서 이는 매우 개인적인 기록이다. 약물치료 중인 독자라면 자신의 변화와 비교하면서 보기를 추천한다. 나는 약을 복용하는 날보다 복용하지 않은 날에 약의 효과를 더욱 실감했다. 약을 복용한 후의 ADHD 증상 완화보다 복용하지 않을 때의 기능 저하와 손상감이 더 크게 다가왔기 때문이다. 이는 약물 일기를 쓰지 않았다면 알지 못했을 것이다. 약물치료를 앞둔 환자나 ADHD를 의심하는 독자라면, ADHD나 약물치료에 대한 막연한 두려움은 내려놓고 약물을 복용하는 동안 내가 느낀 희망에 초점을 두고 읽어주길 바란다. 치료를 시작하기 전, 나도 다른 환자들처럼 약의 효과에 대한 기대와 부작용에 대한 두려움을 느꼈다. 그때 누군가의 약물치료 경험을 들었다면 치료에 앞서 망설이거나 염려하지 않았을 것이다. 그때의 나와 같은 이들에게 도움이 되길 바라며 약물 일기를 공유한다.

DAY 1

오늘 아침에 콘서타를 복용 후 고함량의 카페인이 든 커피를 마셨다. 두통이나 가슴 두근거림, 과도한 각성 증상은 없었다. 오히려 몸과 정신이 적당한 수준으로 긴장된 느낌이었다. 오늘따라 일이 너무 바쁘고 분주했는데, 그 때문일 수도 있다. 그 외 특별한 신체 반응은 없었다. 오후가 되니 긴장 상태가 풀리고, 다소 늘어지는 기분이 들었다. 앞으로 천천히 복용량을 늘려보고 싶다.

오후 9시 이후 약물 효과가 현저히 줄어드는 게 느껴졌다. 약물 일기를 쓰고 나니 갑작스레 열공 의욕이 불타올랐다. 10분 정도 공부. 그러다 인스타그램을 무심코 켰다. 아이돌 그룹 에프엑스의 크리스탈이 머릿속에 떠올랐다. 유튜브를 켜고 크리스탈과 제시카가 출연한 예능 프로그램 영상을 몰아 봤다. 이어서 미드 <모던 패밀리>를 보면서 하체 운동과 플랭크, 폼롤러 스트레칭까지 끝냈다. 공부하려고 책상 앞에 앉자 약물 일기가 떠올랐다. 다시 침대에 엎드려서 방금 한 행동을 여기에 기록한다.

약물 복용 후 드라마틱한 행동의 변화는 없다. 아직까지 과거의 나에서 벗어나지 못한 것 같다. 에너지와 활기가 조금 생긴 정도다. 당연한 일이지만 약간 실망했다.

DAY 5

머릿속 안개가 걷힌 듯하다! 많은 환자가 ADHD를 경험하는 상태를 '머릿속에 뿌연 안개가 낀 것 같다'라는 식으로 표현하곤 하는데, 그 오래되고 짙은 안개가 비로소 흩어지는 것같이 정신이 또렷해졌다. 사람들의 말이 귀에 쏙쏙 들어왔고, 어떤 내용도 전보다 훨씬 잘 기억할 수 있었다. 일주일 전만 해도 대화가 길어지거나 긴 글을 읽을 때면 주의집중이 어려웠고 정신도 흐리멍덩했는데, 그런 문제가 점차 나아지고 있다. 다른 사람들은 이런 상태로 평생 살아온 거라니, 정말 부럽다.

정신은 명료하나 무력하다. 정보를 구조화하고 계획을 세우는 것이 여전히 어렵다. 이런 문제가 약을 먹는다고 곧장 해결되지 않는다는 것을 잘 알고 있는데도 절망감에 휩싸인다. ADHD 증상이 완화되면 '진짜 나'라는 알맹이만 남을 텐데, 그것이 형편없을 것 같아서 두렵다. ADHD 진단을 받았을 때만 해도 '이제 어떤 실수를 해도 그것이 온전히 내 탓만은 아닌 것을 알게 되었네. 덕분에 덜 자책할 수 있겠다'라고 생각하며 안도했다. 지금은 '아, 약을 먹는데도 이러면, 나 자체에 근본적인 결함이 있는 게 아닌가' 하는 생각이 든다. 진단 전보다 더 좌절감이 든다. 성급한 생각인 건 알지만, 그래도 마음을 어떻게 할 수가 없다.

우울증 환자도 마찬가지일 것이다. 약을 먹는다고 비관적인 생각들이 바로 사라지는 것이 아닐 텐데. 그들 또한 나와 같은 패배감을 느끼겠구나 싶다. 여러모로 속상하다. 조급한 생각은 금물인데.

DAY 13

콘서타가 다 떨어져서 복용하지 못했다. 몸에 힘이 없는 데다 업무도 많이 밀려 있어 병원에 가지 못했다. 오늘은 집에서 글을 쓰면서 하루를 무사히 넘겼다. 부작용으로 입맛이 없어 한동안 살이 쏙 빠졌는데, 약을 안 먹으니 신기하게도 식욕이 돋았다. 낮에 집에서 혼자 찜닭을 시켜 먹었다. 커피도 잔뜩 마셨다.

DAY 14

콘서타를 복용하지 못한 지 이틀째다. 하루 종일 배달 앱만 들여다봤다. 잠으로 식욕을 잊어보려 했으나, 실패.
결국 밤에 폭식했다. 식욕에 사로잡혀 다른 일에 집중하지 못한 것도 꽤 오랜만이다. 행동 조절도 어렵다. 출근해야 하는데 새벽 3시까지 넷플릭스 드라마를 보았다. 겨우 이틀 약을 먹지 못했을 뿐인데 이렇게 쉽게 이전의 나로 돌아가다니. 무섭고 허무하네.

DAY 15

오늘도 약을 먹지 못했다. 병원에 전화해 예약을 잡았다. 주치의인 원장님은 예약이 꽉 차 있다고 해서 다음 주에 방문하기로 했다. 전화를 끊고 생각해보니 그때까지 약 없이 잘 지낼 자신이 없었다. 다시 전화를 걸어 다른 선생님에게라도 처방받고 싶다고 했다.

퇴근 후 병원에 방문했다. 처방전을 받아서 3주치 약을 타 왔다. 밤에 잠이 오지 않을까봐 먹지는 않았다. 아무래도 자극을 일으키는 약이다 보니 오후 시간에는 먹지 않으려 한다. 그래도 안심된다.(지난 진료 때 콘서타를 먹은 이후 종종 두통을 경험했다고 말씀드리니, 원장님이 두통이 생기면 혈압을 재보라는 숙제를 주셨다. 혈압을 체크하니 정상이었다.)

약을 먹지 못한 3일째 저녁, 오늘도 종일 폭식하고 넷플릭스에서 드라마 한 시즌을 다 봤다. 자괴감이 들어서 집 청소를 열심히 했다. 밤 11시 30분이 되어서야 책상에 앉아서 의지를 다졌다. 그런데 일기 쓰고 나니 12시다. 자야겠네……. 그러고 보니 아까 설거지하다가 접시도 깼다.

DAY 16

오랜만에 콘서타 복용. 낮에 집중이 잘 되지 않았다. 저녁에 또 폭식. 이게 무슨 일인지? 약을 3일간 안 먹었다고 이렇게까지 영향을 주다니. 식욕이 늘어난 건 충동 조절 증상의 문제가 아닐지도 모르겠다. 부작용 때문에 살이 많이 빠진 상황인데, 다시 원래의 체중으로 돌아가려는 조짐일 수도 있다.

DAY 17

얼마 전에 부랴부랴 콘서타를 받아 왔다. 그런데 그날 의사 선생님과 나눴던 대화가 머릿속을 떠나지 않는다.

의사: 약 먹고 효과는 좀 있나요?

나: 네, 집중이 훨씬 잘돼요.

의사: 용량이 이렇게 적은데도 효과가 있었군요.

나: 복용량을 좀 높여보고 싶어요. (이때 선생님이 양미간을 찌푸렸다) 적응기에 가슴 두근거림이랑 두통으로 힘들어서 고민이지만요.

의사: 그럼 기존 18밀리그램은 유지하기로 하고, 이후 상황을 보면서 천천히 용량을 늘려보죠.

그날 대화를 통해 내가 콘서타를 18밀리그램을 복용해왔다는 사실을 처음 알게 되었다. 18밀리그램은 콘서타를 처음 복용하는 환자에게 권장되는 용량이다. 콘서타는 몸무게 1킬로당 1밀리그램의 용량으로 복용할 때 가장 높은 수준의 효능과 안전성을 나타낸다는 결과가 있다.[1] (실제로는 이렇게 사용하는 경우가 드물다.) 복용량을 늘릴 경우 1주 간격으로 18밀리그램씩 용량을 늘린다. 내 키와 몸무게를 고려했을 때 첫 복용량으로

18밀리그램은 무척 적은 것이다. 어쨌든 끔찍하리만큼 무신경한 나 자신에게 또 놀랐다. 그동안 약봉지에 적힌 복용량을 확인할 생각도 하지 못했으면서 용량을 늘릴 생각만 해왔다니……!
어제와 오늘은 콘서타를 복용했음에도 그 효과를 전혀 경험하지 못했다. 평소와 비교하면 말이다. 요 며칠 이런저런 일들로 우울하기도 했고 약도 3일 동안 먹지 않았으니, 이전과 유사한 효과를 얻으려면 시간이 필요한 것이 맞다. 그래도 18밀리그램이라는 게 마음에 걸린다. 아무리 생각해도 너무 적은 양이다. 왜 그럴까? 더 먹고 싶다, 약. 지금까지의 경험이 일종의 위약(僞藥), 즉 플라시보 효과였을지도 모른다는 의심을 거두기가 어렵다.

DAY 18

어젯밤에는 콘서타에 관한 정보를 찾아보다가 잠들었다. 오늘 아침 10시경에 18밀리그램 두 알을 함께 복용했다. 총 36밀리그램. 의사의 지시 없이 자의적으로 약물을 조절하면 안 된다는 걸 안다.(특히 정신과 약물은 절대 안 된다.) 그럼에도 그런 결정을 한 데에는 이유가 있다. 원래 원장님과 논의한 대로라면 진작에 복용량을 늘려 36밀리그램을 먹었어야 했다. 하지만 가슴이 답답한 증상을 겪고 난 후 복용량을 늘리는 것에 대해 내가 먼저 우려를 표했고, 그로 인해 복용량 증가를 미뤘던 상황이었다. 그런데 어떤 논문을 읽고 ADHD 환자 특성상 약물의 효과가 빨리 나타나지 않으면 환자가 치료를 중단한 경우가 있었음을 알게 됐다. 조급한 마음에 복용량을 자의적으로 늘려보았다.

오후 1시 10분. 카페에서 커피를 주문하고 막 자리에 앉은 참이었다. 가슴에 무게감이 느껴지고 입이 마르며 숨 쉬기가 약간 어렵다. 공부 좀 하다가 몸 상태를 다시 확인하기로 했다.

지금은 밤 12시가 넘었다. 계속 공부했는데도 집중도가 높다. 태어난 이후 가장 오래 집중해본 것 같다. 시간 가는 줄 모를 정도다. 저녁까지는 가슴 부근이 불편했는데, 지금은 괜찮고 정신도 맑다. 오후 6시에는 20분가량 잠도 잤다. 그래서인지 아직 졸리지 않다.

오전 10시 20분, 콘서타 36밀리그램를 먹고 커피를 한 잔 마셨다. 커피는 참아보려 했는데 아침에 빵만 먹으려니 아쉬워서 결국 마시고 말았다.
11시 30분부터 책을 읽기 시작했다. 집중이 매우 잘됐다. 같이 있던 친구가 내게 "너무 열심히 하는 거 아냐?"라고 말했을 정도다. 친구와 만난 지 5년 6개월가량 되었는데, 그동안 딱 두 번 들어봤다.(다른 한 번은 어제 들었다.)
12시, 손으로 턱을 괴고 앉아 책을 읽었다. 손에서 미세한 진동이 느껴질 정도로 심장이 빠르게 뛰었다. 콘서타 부작용 중 하나다. 가슴께에서 무게감이 느껴지기도 했는데, 다행히 거슬리거나 불편하지는 않았다. 독서에 집중하느라 변화한 신체 증상에 주의를 둘 틈이 없었기 때문일까? 이전에는 공부하려고 자리에 앉으면 아주 작은 불편함에도 집중이 어려웠다. 감각에 과민한 것도 ADHD 증상이기 때문이다. 이런 증상까지 개선되다니!

DAY 21

콘서타 두 알을 고카페인 커피와 복용했다. 어제만큼의 신체 반응은 나타나지 않았다. 오전에 잠시 심장 두근거림 증상을 느꼈으나 어제만큼 주목할 수준은 아니었다. 무난한 정도. 오후 5시에는 두통이 살짝 있었는데, 개인적으로 스트레스받는 일 때문이었던 것 같다.

DAY 22

연차 내고 집에서 휴식. 약은 오전 10시 15분쯤 먹었다. 책상 앞에 앉기까지가 너무 힘들었지만, 원고 작업은 무난하게 진행됐다. 집중도 잘됐고, 주제나 맥락에서 약간 벗어나는 내용도 잘 걸러냈다. 평소 원고를 쓸 때는 집중도가 높은 편이긴 하다. 하지만 약을 먹은 후 원고를 쓰면 집중하는 시간이 더 길어진다. 시간을 체크하면서 약 복용 여부에 따른 집중 시간을 비교해도 좋겠지만, 그런 방식으로 약의 효과를 살펴보는 건 아직 꺼려진다. 혹시라도 지나치게 약에 의존하게 될까봐 걱정되어서다.

오후 2시까지 원고를 쓰고 8시까지 느긋하게 보냈다. 침대에 누워서 시트콤과 다큐멘터리를 보고 낮잠을 좀 잤다. 밥도 두 그릇이나 먹었다. 설거지와 빨래도 해냈다. 그래도 원고 작업을 우선순위에 두고 하루를 보냈어야 했다.

요즘 원고 작업은 문제없이 잘 진행되고 있는데, 작업하기 위해 책상 앞으로 가기까지가 너무 힘들다. 오늘도 그랬다. 약물치료를 시작하면 내 행동 패턴도 금방 변화하리라 믿었다. 이럴수록 더 정신 차려야 한다. 변화는 약이 아닌 내가 스스로 해나가야 하는 일이다. 아, 역시 집 밖으로 나가서 일해야 했다…….

DAY 25

날씨가 좋아 들뜬 기분으로 집을 나섰다. 운이 없게도 택시 안에서 기분 망치는 일이 생겼다. 친구를 만나자마자 택시에서 있었던 일을 쏟아냈다. 그런데도 화가 가라앉지 않았다. 언어는 거칠게, 행동은 크게 표현했다. 이야기하다가 손가락으로 톡! 친다는 것을 나도 모르게 친구를 손바닥으로 팍! 치기도 했다. 친구가 불편해하는 기색을 보였다. 내가 지나치게 예민하게 굴자, 참다못한 친구가 "너 오늘 약 먹은 거 맞아?"라고 물었다. 당시만 해도 내가 화난 건 택시 안에서 일어난 일 때문이었지, ADHD 증상이 아니라고 생각했다. 친구가 내가 약을 먹는다는 사실을 그런 식으로 가볍게 언급하다니. 당황스럽고 속상했다. 어쨌든 다른 사람의 기분을 망친 것은 사실이었다. 친구에게 너무 미안했다. 바로 약을 꺼내 먹었고 얼마 지나지 않아 차분해졌다. 이성적으로 생각하고 적절한 수준의 에너지를 유지할 수 있게 되었음을 느꼈다. 친구 말대로 과민했던 당시의 내 모습은 증상일지도 모르겠다. 집에 돌아와 원고 작업을 시작했다. 엄청난 집중력을 발휘할 수 있었다. 저녁 7시부터 새벽 1시까지 딴짓하지 않고 몰두했다! 놀라웠다. 새벽이 아니었다면, 좀 더 집중할 수 있었을 것 같다. 약을 먹은 상태로 공부를 하니 약을 복용하기 전과 후의 차이를 확실히 확인할 수 있었다.

DAY 26

새벽까지 열심히 글을 쓰다가 자고 일어났다. 그래서 그런지 오늘은 하루 종일 아무것도 하고 싶지 않았다. 피로했다. 약을 먹고 정신이 명료해지는 것마저 느끼기 싫었을 정도. 트위터에서 '오늘은 주의력 약을 먹기가 정말 싫다'는 누군가의 트윗을 보고 의아해한 적이 있다. '왜? 이 좋은 걸!' 그런데 오늘처럼 무력감에서 회복하고자 하는 의지조차 없는 경우라면 그럴 수 있겠다 싶다. 나도 그냥 이대로 가만히 있고 싶었다. 하지만 내일은 원고 마감일. 억지로 약을 먹고 기운을 냈다. 작업을 시작하기까지 평소보다 훨씬 오래 걸리긴 했다. 이번 원고는 초고 없이 아예 새로운 꼭지를 써야 한다. 그래서 더 부담을 느끼고 작업 시작까지 긴 시간을 할애해야 했다. 에휴, 그래도 하기 싫어…….

DAY 31

병원에 갔다. 자의로 복용량을 올렸다고 고백했다. 효과가 너무 좋아서 초인이 된 기분이었다고 이야기하니, 원장님은 웃으면서도 염려했다. 정확히 어떤 식으로 초인이 되었느냐는 질문을 던지셨다. 아마 경조증(조증보다 정도가 약한 형태)을 의심한 게 아닐까 싶다. ADHD는 양극성 장애와 함께 발병할 가능성이 높다. 원장님께 주의집중 능력이 개선되었음을 말씀드렸다. 우려하신 부분은 문제가 없음을 알렸다. 원장님은 약물에 내성이 생기면 효과가 점점 덜한 것처럼 느껴지니 복용량을 갑자기 많이 늘리는 것은 좋지 않다고 주의를 줬다. 어쨌든 지금 복용하고 있는 양이 적고, 원래 점차 복용량을 늘려나가기로 이야기를 나눴으므로, 36밀리그램을 처방해주셨다.

DAY 34

콘서타를 먹으면 주의력이 높아져서 그런지 최선을 다하게 된다. 열심히 사는 기분이다. 하지만 어떤 날들은 무력감을 느낀다. 대충 살고 싶다는 생각도 든다. 약물치료를 시작하기 전까지 나는 그리 무력한 인간이 아니었다. 하지만 이렇게 매일 최선을 다하려니 지친다. 약물 복용을 꺼리거나 중단하는 사람들, 스스로를 다독여야만 당일분의 약을 삼킬 수 있는 사람들의 마음이 이해가 된다.

DAY 55

오랜만에 진료를 받았다. 원장님은 나를 보자마자 살이 좀 빠진 것 같다고 하셨다. 체중이 줄었고 식욕이 없는 건 맞지만, 의식적으로 식사를 챙겨 먹기 위해 노력 중이라고 답했다. 다이어트의 목적으로 약 복용을 지속하는 사람들이 일부 있기에 걱정하실까 봐 상세히 내 상태를 설명했다. 사실이기도 하고. 복용량에 대해서도 이야기를 나눴다. 나에게 가장 적절한 복용량이 어느 정도인지 잘 모르겠다고 말씀드렸다. 원장님은 '적절한 용량이란 일하는 데 무리가 없는 정도'라고 하면서 '특히 고지능의 환자의 경우 용량 증가라는 유혹에 쉽게 빠질 수 있으니, 일상을 유지하는 수준에서 만족하는 게 중요하다'고 했다.('고지능의 환자'란 평균 이상의 지능이라는 의미를 포함하지만, 원장님은 이를 평균 이하의 지능이 아님을 강조하려는 의도로 사용한 것이다.) 원장님은 '지금보다 일을 더 잘하고 싶어 하는 마음이 있기 때문에 오히려 약물의 양을 늘려주지 않으려고 한다'면서 나를 안심시켰다. '더욱이 성인은 부작용이 더 잘 나타나는 것 같다'고 덧붙였다. 그 의견에 동의했다. 이전과 같은 양의 약물을 한 달치 받아 왔다.

DAY 66

콘서타의 효과가 떨어질 즈음이면 머리가 멍해진다. 졸리기도 하는데, 정말 졸음이 와서 그런 건 아니다. 자려고 누워도 정신은 맑다. 그렇다고 침대에서 일어나 뭔가를 해볼 정도의 각성 수준은 아니다. 깬 것도 깨지 않은 것도 아닌 상태.
실은 이 애매한 상태가 진단, 치료받기 전 나의 기본적인 상태였다.
지금도 그렇다. 열심히 공부하기에는 효율이 떨어질 것 같고, 시간을 때우며 그냥 놀기에는 아깝다. '공부는 효율로 하는 게 아니다'라는 교수님의 말씀을 떠올리며 억지로 책상 앞에 앉았다. 하다 보면 어느새 정신이 맑아져 있다.

DAY 69

오늘은 택배를 기다리느라 하루 종일 일에 집중하지 못했다. 택배 조회 사이트에 들어가 계속 새로고침을 클릭하면서 어영부영 시간을 보냈다. 아, 생각해보니 오늘 콘서타 안 먹었다…….

DAY 71

휴일. 엄마랑 송도에 다녀왔다. 돌아오는 길에 '집에 가서 콘서타 먹고, 집중해서 일하면 좋겠다'고 생각했다. 집에 도착하니 아침에 콘서타를 먹으려 했던 것이 떠올랐다. 하지만 약을 먹었는지, 안 먹었는지 기억이 나질 않았다.(보통 평일에는 병원에 출근하자마자, 주말에는 외출 전에 복용했다.) 약을 안 먹는 건 괜찮아도, 두 번 먹는 건 몸에 무리가 갈 것 같았다. 일에 집중하기 위해 커피를 마셨다. 세 잔을 마셨는데도 정신이 맑지 않아 일이 손에 안 잡혔다. 그냥 자고만 싶었다.

최근 들어 실수가 잦다. 영 찝찝하다. 집중하는 데는 문제가 없는데, 몇몇 부주의 증상은 여전하다. 수행 능력이 좋아졌다고 말하기는 어려운 상황이다. 약물의 용량을 더 높여보고 싶다. 높은 양의 약물 복용이 가져올 효과에 대한 기대와 호기심이 크다. 그래서일까? 요즘 따라 약물의 용량을 증가해야 하는 단서들을 열심히 찾고 있다. 내가 여전히 다른 사람들만큼 잘 해내지 못한다는 증거 같은 것 말이다. 약물에 몸이 점점 적응이 되어 효과에 둔감해지고 있는 것처럼 느껴진다. 다음에 내원할 때 원장님께 말해봐야겠다. 원장님의 반응도, 더 높은 양의 약물을 복용했을 때 내 몸의 반응도 무섭지만.

DAY 77

약물의 용량을 높이고 싶다는 생각이 머릿속에 가득하다. 집중이 어렵다. 유튜브만 보고 있다. 홍차를 너무 많이 마셔서 그런가, 심장이 빨리 뛴다. 예전의 나로 돌아간 기분이다. 빨리 내원해 용량을 늘려달라고 요청하고 싶다. 약은 아직 많이 남아 있다. 복용량을 늘려달라고 했다가 원장님이 반대하실까 걱정된다.

DAY 98

콘서타를 먹지 못한 지 이틀째. 약이 두 알로 늘어난 뒤부터 개인 약통 대신 약포지를 가방에 넣고 다니고 있다. 그래서인지 약 먹는 것을 계속 깜박한다. 어젯밤에는 잠을 자다가 다리와 발이 감전된 것처럼 저렸다. 불편한 느낌도 들었다. 오늘은 출근하고나서부터 계속 산만했다. 마음도 불안해 안절부절못했다. 게다가 폭식까지 했다. 일하면서 간식을 많이 먹었다. 점심도 두 그릇 먹었고, 그 후에도 베이글에 치즈를 발라먹었다. 퇴근 후에는 순대볶음을 사 와서 다 먹었다. 평소라면 1인분의 반도 겨우 먹었을 텐데. 그러고 나서도 햇반, 카레, 스팸으로 한 상 차려 먹었다. 비스킷도 세 개나 먹었다. 냉장고에 먹을 만한 것이 더 없어서 얼마나 다행이었는지. 오늘은 자극적인 음식이 너무 당겼다. 약물치료 받기 전의 상태가 딱 이랬다. 약을 3개월 정도 먹었으니, 어느 정도의 호전이 있을 줄 알았는데 아직인가 보다. 이제는 콘서타를 약통에 담아 다니면서 꾸준히 복용해야겠다.

DAY 100

출근 직전에 콘서타를 복용했다. 덕분에 오늘은 주의집중력이 높았고, 인지능력도 좋았다. 비로소 마음이 평안해졌다. 다행이었다! 다만 약을 처음 먹었을 때와 비슷하게 가슴이 답답하고 갈증도 심했다. 오랜만에 약을 먹은 탓일까? 오전에는 식욕이 왕성했다. 출근하자마자 컵라면을 먹었다.(반 정도 먹고 나머지는 버렸다. 먹는 중에 '이건 아니다'라는 생각이 들었기 때문이다. 이때부터 약의 효과가 나타나기 시작한 걸까?) 오후에는 식욕이 급격하게 떨어져서 물만 마셨다. 어지러움을 느끼고 철분제와 마그네슘을 먹었다. 퇴근 후에는 병원 직원식당에 들러서 균형 잡힌 식사를 했다.

DAY 115

오랜만에 병원에 다녀왔다. 그동안 약 먹는 걸 자주 깜박한 탓에 남아 있는 약을 복용하느라 내원이 늦었다. 약에 의존하면서도 꼬박꼬박 챙겨 먹는 일에는 다소 방만했다.

DAY 130

이제야 생활에 안정감이 생겼다. 예전에는 문제없이 일을 해낼 수 있을지, 일을 시작할 수는 있을지 확신할 수 없어 늘 불안했다. 시시때때로 달라지는 내 상태에 의존해 무언가를 해나가기가 쉽지 않았다. 아슬아슬하고 위태롭게 사는 것이 늘 싫었다. 하지만 요즘은 다르다. 내 상태와 관계없이 어떤 일을 아주 기본적인 수준으로 해낼 수 있다는 믿음이 생겼다. 내가 나를 믿는다는 것은 이렇게 마음이 든든해지는 일이구나! 다른 사람들이 이런 마음으로 살아오는 동안 나만 힘들었던 것 같아 서럽고 억울하기도 하다. 그래서 '지금부터라도 잘 살아보자'고 다짐하게 된다.

DAY 147

병원에 다녀왔다. 약물 복용량을 늘리기로 했다. 약에 무감해졌기 때문이다. 원장님은 내게 맞는 적정량을 찾아야 한다고 하면서, '술을 잘 마시는 사람들은 간이 열심히 일하는 거다. 이들의 경우, 몸이 적응할 때까지는 약이 제 효력을 발휘한다. 하지만 간이 약에 적응한 후에는 그 효과가 느껴지지 않을 수 있다. 내성이 생겼다기보다 아직 환자 몸에 맞는 적정 수준의 복용량에 도달하지 못했기 때문이다'라고 했다. 적정 수준의 복용량에 도달하면 간이 약물에 적응해도 그 효과는 지속될 거라고 했다. 이제 복용량은 45밀리그램. 복용량이 늘어날수록 약값도 올라가는데, 내 간은 왜 이리 열심인 거야?

DAY 175

휴가를 앞두고 바쁜 나날을 보내고 있다. 한동안 정신이 없어서 병원에 가질 못했다. 오늘 짬이라도 내서 병원에 가볼까 했지만 마침 병원도 여름 휴가로 휴원한 상태다. 다음 주에 여행을 떠나면 일주일을 콘서타 없이 지내야 한다. 큰일이다. 병원 예약을 미루지 말 걸 그랬다. 함께 여행 가는 사람들과 싸우고 돌아올까봐 걱정이 앞선다.

DAY 184

병원에 전화해서 오늘 약 처방이 가능한지 문의했다. 앞으로 얼마간은 예약이 꽉 차 있지만, 지금 바로 내원하면 진료가 가능하다기에 바로 병원에 갔다.(실은 병원 앞에 가서 전화했다. 휴가를 다녀온 후 내 상태가 걱정되어서 가만히 있을 수가 없었다.) 원장님께 지난 일주일 동안 약을 먹지 못했다고 말했다. 원장님은 원래 복용량인 48밀리그램을 바로 복용하기 어렵다고 했다. 처음 약물을 복용하기 시작한 양에서 시작해 최근의 복용량으로 그 양을 점차 늘려나가야 한단다. 그동안 복용해온 약이라고 해도 말이다. 18밀리그램부터 시작하기로 했다. 병원에는 한 달에 한 번씩 계속 내원하면서 약은 딱 한 달치만 처방받고 있다. 두 달치를 받을 수 있는지 물어봤으나, 그렇게는 안 된단다.

DAY 201

요즘 영 집중이 되지 않는다. 아무리 정신을 차려보려고 해도 정신이 빠진 듯 멍하다. 우울해서 그런 걸까? 정확한 원인은 찾기 어려웠다. 약 먹은 지도 8개월이 되어가는데 아직도 적정 용량을 찾지 못했다. 다음에 원장님께 물어봐야겠다. 당분간은 잠을 잘 자고, 스트레스 관리도 잘해보려 한다. 그런 상황에서도 주의집중이 어려운지 점검할 예정이다. 요즘 수면에 어려움이 있어서 콘서타를 늘리는 것도 무섭다.

DAY 220

약 못 먹은 지 일주일째. 인터넷에서 샴푸를 구입하고 10만 원을 결제했다. 샴푸 딱 한 통만 사려고 했는데…….

DAY 232

한동안 바빠서 병원에 가지 못했다. 약을 먹지 못하는 상태가 지속될수록 상태가 더 나빠지고 있다는 것을 깨닫는다.
오늘도 많은 실수를 했다. 심지어 그냥 넘어가기는 어려운 실수들이었다. 충격적이었다. 아무것도 손에 잡히지 않았고, 계속 멍했다. 공가 신청서 한 장 작성하는 데도 3시간이나 걸렸다. 다른 일에 정신이 팔려서가 아니라, 그 문서를 작성하는 일에만 매달렸는데도 글이 눈에 들어오지 않았다. 문장이 머릿속에 들어오자마자 한 글자 한 글자씩 흩어지는 느낌이었다. 눈물이 날 정도였다. 이제는 무슨 일이 있어도 약 처방을 미루지 말아야겠다.
지금 생각해보니 병원에서 수련하는 첫해를 신기하리만큼 무사히 보낸 것 같다. 어떻게 ADHD를 의심하지 못했을까? 콘서타 없이 그 1년을 지냈던 나에게 존경의 박수를 보낸다.

DAY 289

최근까지 극도의 스트레스와 긴장 속에서 일했더니 결국 위장에 문제가 생겼다. 일상생활이 어려울 정도였다. 그동안 콘서타와 신경안정제를 함께 처방받아서 복용했는데도 긴장도가 높은 상태였다. 잠깐이나마 약물 복용을 멈추면 전보다 덜 강박적으로 일을 할 수 있을 것 같았다. 그래서 오늘은 일부러 콘서타를 먹지 않았다. 덕분에 긴장이 좀 풀렸다. 신경안정제를 추가하는 것보다는 아무것도 먹지 않는 게 낫겠다.

DAY 332

퇴사를 앞두고 병원에 갔다. 원장님은 일을 쉬는 동안 약 복용을 잠시 중단할 것을 제안했다. 업무 때문에 약을 먹어왔으니까. 고민이 됐지만 그럴 수는 없었다. 퇴사 후에도 친구들과 스터디를 계속하기로 했는데, 이때 많은 것을 배우고 싶다. 집중하지 못할지도 모른다는 불안함 없이 책도 실컷 읽고 싶고. 무엇보다 약 없이는 내 일상이 쉽게 무너진단 사실을 알고 있다. 약물 복용을 중단하는 것이 두렵다. 집은 순식간에 엉망이 될 것이다. 충동성을 조절하지 못해 건강에 좋지 않은 음식을 마구 먹고 다른 사람에게 상처 주는 말을 하고 갑자기 화를 낼지도 모른다. 공과금 내는 것도 잊어버리고 온종일 침대에 누워 넷플릭스만 볼 게 뻔하다. 원장님은 "약이 없어도 일상에 문제는 없잖아요?"라고 하셨지만 나는 고개를 저으며 "아주 많아요, 문제"라고 답하는 수밖에 없었다. 약봉지를 가방에 넣고 집에 돌아오는데 자꾸 눈물이 났다. 내일이면 또 기분 좋게 잘 지낼 거라는 걸 알지만…….

DAY 389

요즘 약 먹는 것을 종종 잊는다. 다행인 것은 퇴사 이후에는 약을 먹지 않아도 ADHD 증상이 예전만큼 심하게 발현되지 않는다는 점이다. 극도의 긴장 상태로 있어야 하고 사소한 실수도 큰일로 여겨지는 직업 환경에서 벗어난 영향도 있는 것 같다. 약을 먹을 때나 먹지 않을 때나 여전히 어이없는 실수를 저지르고, 늘 책상이 지저분하다. 그래도 그런 문제들이 나를 미워할 정도로 심각하지는 않다.

약물치료를 받는다는 건 일종의 믿는 구석을 만들어두는 것 같다. 내가 내 일상을 돌보기 어려울 때 콘서타에 도움을 요청할 수 있다는 사실만으로도 위안을 얻기 때문이다. 든든한 조력자 같다. 물론 콘서타 없이도 많은 일을 자신 있게 헤쳐나간다면 더할 나위 없이 좋다. 상상만으로도 설레고 가슴이 벅차오른다. 그날이 오기를 몹시 고대하고 있다. 하지만 그런 날이 영영 오지 않을 수 있다는 걸 안다. 외출 전에는 늘 주머니에 콘서타 한 봉지를 챙겨 넣고 평생을 살아가야 할지도 모른다. 그래도 괜찮다. 누구에게나 결핍은 있으니까. 나에게는 그것이 ADHD라는 이름으로 왔을 뿐이다. 결핍이 있다는 사실에 괴로워하기보다 그 결핍과 함께 잘 살 궁리를 하는 게 낫다. 그게 ADHD 32년 차에 내린 결론이다.

| 주 석 |

1장 임상심리학자, 몰래 ADHD 검사를 시행하다

1 임상심리학자는 한국임상심리학회에서 정식으로 소개하는 직업적 명칭이다. 병원, 심리센터에서는 '임상심리사'로 불리기도 한다. 이는 임상심리학 관련 다양한 자격증 소지자를 아우르기 위함과 편리성에 목적이 있다. 미국과 우리나라의 임상심리학자는 '과학자-전문가 모델'을 따른다. 즉, 임상심리학자는 임상 현장에서 심리 치료 및 심리 평가의 전문가가 되어야 할 뿐만 아니라, 진단을 위한 방법이나 도구 개발을 위한 과학적인 연구를 수행할 수 있어야 한다는 의미다. 이 점을 강조하고자 이 책에서는 직업명으로 임상심리사 대신 임상심리학자를 사용한다.

2 미국소아과학회 지음, 대한소아신경학회 옮김, 《ADHD에 대한 가장 완전한 지침서》, 범문에듀케이션, 2016.

3 Faraone, S. V., Biederman, J., & Mick, E., "The age-dependent decline of attention deficit disorder: A meta-analysis of follow-up studies", *Psychological Medicine* 36-2, 2006, pp. 159-165.; Lara, Carmen, et al., "Childhood predictors of adult ADHD: results from the WHO World Mental Health (WMH) Survey Initiative", *Biological psychiatry* 65-1, 2009, pp. 46.; Cheung, Celeste HM, et al., "Childhood predictors of adolescent and young adult outcome in ADHD", *Journal of psychiatric research* 62, 2015 pp. 92-100.

4 이원익, 《성인 ADHD의 개념과 진단 그리고 치료를 위한 지침서》, 하나의학사, 2019, 827쪽, 재인용.

5 K-ASRS(A항목) WHO 자가설문지/K-ASRS(Adult ADHD Self-Reporting Scale)[kessler RC. Adler L. Ames M. Demler O.Faraone S. Hiripi E. et al., "The World Health Organization Adult ADHD Self-Report Scale(ASRS): a short screening scale for use in the general population", *Psychol Med* 35-2, 2005, pp. 245-256.

6 잠재적 수검자의 반응에 미칠 영향을 최소화하기 위해 실제 검사에서 사용되는 문항을 일부 변형하였다.

2장 우리가 잃어버린 조용한 소녀들

1 Jenny Anderson, "Decades of failing to recognize ADHD in girls has created a "lost generation" of women", *QUARTZ*, January 19, 2016, https://qz.com/592364/decades-of-failing-to-recognize-adhd-in-girls-has-created-a-lost-generation-of-women/.

2 American Psychiatric Association, *DSM* 5, American Psychiatric Association, 2013.

3 Biederman, Joseph, et al., "Influence of gender on attention deficit hyperactivity disorder in children referred to a psychiatric clinic", *American Journal of psychiatry* 159-1, 2002, pp. 36-42.

4 Castle, L., Aubert, R. E., Verbrugge, R. R., Khalid, M., & Epstein, R. S., "Trends in medication treatment for ADHD", *Journal of Attention Disorders* 10, 2007, pp. 335-342.; Express Scripts, Lab, "Turning attention to ADHD: US medication trends for attention deficit hyperactivity disorder", 2014.

5 Dray, Stacey, Marilyn Campbell, Linda Gilmore, "Why are girls with ADHD invisible?", *Connections* 23. 2, 2006, pp. 2-7.

6 Conrad, Peter., "The discovery of hyperkinesis: Notes on the medicalization of deviant behavior", *Social Problems* 23, 1975, pp. 12-21.; Conrad, Peter., *Identifying hyperactive children: The medicalization of deviant behavior*, Lexington, MA: Lexington Books, 1976.; Conrad, Peter., "Situational hyperactivity: A social system approach", *Journal of School Health* 47, 1977, pp. 280-285.

7 Berry, Corrie., Shaywitz, S. E., & Shaywitz, B. A., "Girls with attention deficit disorder: A silent minority? A report on behavioral and cognitive characteristics", *Pediatrics* 76, 1985, pp. 801-809.

8 Edward, M., and M. D. Hallowell. *Driven to Distraction: Recognizing and Coping with Attention Deficit Disorder from Childhood Through Adulthood*, Touchstone, 1995.

9 2장 4번 주석과 동일.

10 London, Andrew S., and Scott D. Landes, "Cohort change in the prevalence of ADHD among US adults: evidence of a gender-specific historical period effect", *Journal of Attention Disorders* 25-6, 2021, pp. 771-782.

11 Bussing, R., Schoenberg, N. E., & Perwien, A. R., "Knowledge and information about ADHD: evidence of cultural differences among African-American and white parents", *Social science & medicine*, 46-7, 1998, pp. 919-928.

12 Eme, Robert, "Attention-deficit/hyperactivity disorder and criminal behavior", *International Journal of Sociology Study* 1-2, 2013, pp. 29-36.

1 Young, Susan, and Gisli H. Gudjonsson, "Growing out of ADHD: the relationship between functioning and symptoms", *Journal of attention disorders* 12-2, 2008, pp. 162-169.

2 이소연, 〈정신장애 진단에서의 젠더 편향〉, 《아시아여성연구》, 제53권, 숙명여자대학교 아시아여성연구원, 2014, 153~190쪽.

3 Biederman, Josepj, et al, "Influence of gender on attention deficit hyperactivity disorder referred to a psychiatric clinic", *American Journal of Psychiatry* 159-4, 2002, pp. 36-42.; Gaub, Miranda, and Caryn L. Carlson. "Gender differences in ADHD: a meta-analysis and critical review", *Journal of the American Academy of Child & Adolescent Psychiatry* 36-8, 1997 pp. 1036-1045.

4 Quinn, Patricia., "Treating adolescent girls and women with ADHD: Gender-Specific issues", *Journal of clinical psychology* 61-5, 2005, pp. 579-587.

5 Gershon, Jonathan, and Jonathan Gershon, "A meta-analytic review of gender differences in ADHD", *Journal of attention disorders* 5-3, 2002, pp. 143-154.

6 Quinn, Patricia., and Manisha Madhoo, "A review of attention-deficit/hyperactivity disorder in women and girls: uncovering this hidden diagnosis", *The primary care companion for CNS disorders* 16-3, 2014, PCC.13r01596.; Solden, S., *Women with attention deficit disorder: Embracing disorganization at home and in the workplace*, Grass Valley, CA: Underwood, 1995.; Nadeau, Kathleen., Ellen Littman, and Quinn, Patricia., *Understanding girls with AD/HD*, Advantage Books, 1999.

7 Lovecky, Deirdre V., Different minds: *Gifted children with AD/HD, Asperger Syndrome, and other learning deficits*, Jessica Kingsley Publishers, 2003, pp. 58.

8 3장 2번 주석과 동일.

9 Hartung, Cynthia M., and Elizabeth K. Lefler, "Sex and gender in psychopathology: DSM – 5 and beyond", *Psychological bulletin* 145-4, 2019, pp. 390.

10 Jeneva L. Ohan, Charlotte Johnston, "Gender Appropriateness of Symptom Criteria for Attention-Deficit/Hyperactivity Disorder, Oppositional-Defiant Disorder, and Conduct Disorder", *Child Psychiatry and Human Development* 35-4, pp. 359-381.

11 Holt, Cheryl L., Jon B. Ellis, "Assessing the current validity of the Bem Sex-Role Inventory." Sex roles 39-11, 1998, pp. 929-941.

12 주디스 워렐, 파멜라 리머 지음, 김민예숙, 강김문순 옮김, 《여성주의 상담의 이론과 실제》, 한울아카데미, 2018, 188쪽, 재인용.

13 3장 10번 주석과 동일.

14 Eleanor E. Maccoby, "Gender and Group Process: Developmental Perspective", *Current Directions in Psychological Science* 11-2, 2002, pp. 54-58.; 3장 1번 주석과 동일.

15 Barkley, Russell A, *Attention-Deficit/Hyperactivity Disorder*, Guilford Publications, 2006.

16 3장 4번 주석과 동일.; 3장 7번 주석과 동일.

17 Quinn, Patricia, and Sharon Wigal, "Perceptions of girls and ADHD: results from a national survey", *Medscape general medicine* 6-2, 2004, pp. 2.

18 3장 10번 주석과 동일.

19 Willcutt, Erik G., et al., "Validity of DSM-IV attention deficit/hyperactivity disorder symptom dimensions and subtypes", Journal of abnormal psychology 121-4, 2012, pp. 991.; McBurnett, Keith et al., "Experimental cross-validation

of DSM-IV types of attention-deficit/hyperactivity disorder", *Journal of the American Academy of Child & Adolescent Psychiatry* 38-1, 1999, pp. 17-24.

20 3장 10번과 동일.

21 오현숙, 〈청소년의 주의력과 기질의 관계에 나타나는 성차〉, 《한국심리학회》, 제32권, 한국심리학회지: 임상, 2013, 22쪽.

22 3장 10번 주석과 동일.

23 Biederman, Joseph, et al., "Retrospective assessment of DSM-III attention deficit disorder in nonreferred individuals", *The Journal of clinical psychiatry* 51-3, 1990, pp. 102－106.

24 Kaplan, Marcie, "A woman's view of DSM-III", *American Psychologist* 38-7, 1983, pp. 786.

25 Lahey, Benjamin B., et al, "DMS-IV field trials for attention deficit hyperactivity disorder in children and adolescents", *The American journal of psychiatry* 151-111, 1994, pp. 1673-1685.; 3장 24번 주석과 동일.

26 Connor, Daniel F., et al., "Correlates of comorbid psychopathology in children with ADHD", *Journal of the American Academy of Child & Adolescent Psychiatry* 42-2, 2003, pp. 193-200.

27 3장 15번 주석과 동일.

28 Biederman, Joseph, et al., "Clinical correlates of ADHD in females: findings from a large group of girls ascertained from pediatric and psychiatric referral sources", *Journal of the American Academy of Child & Adolescent Psychiatry* 38-8, 1999, pp. 966-975.; Cynthia M. Hartung et al., "Sex Differences in Young Children Who Meet Criteria for Attention Deficit Hyperactivity Disorder", *Journal of Clinical Child and Adolescent Psychology* 31-4, 2002, pp. 453－464.; 2장 5번 주석과 동일.

29 Roberta Waite, "Women and attention deficit disorders: A great burden overlooked", *Journal of the American Academy of Nurse Practitioners* 19-3, 2007, pp. 116–125.; 3장 4번 주석과 동일.

30 3장 17번 주석과 동일.

31 3장 28번과 동일.; Hinshaw, Stephen R, "Is ADHD an impairing condition in childhood and adolescence?", *Civic Research Institute*, 2002, pp. 5-1-5-21.

32 Fischer, Aline G., et al., "The role of comorbid major depressive disorder in the clinical presentation of adult ADHD", *Journal of psychiatric research* 41-12, 2007, pp. 991-996.; Biederman, Joseph, et al., "Patterns of psychiatric comorbidity, cognition, and psychosocial functioning in adults with attention deficit hyperactivity disorder", *The American journal of psychiatry* 150-2, 1993, pp. 1792-1798.; Murphy, Kevin, and Russell A. Barkley, "Attention deficit hyperactivity disorder adults: comorbidities and adaptive impairments", *Comprehensive psychiatry* 37-6, 1996, pp. 393-401.; Kooij, J. J., L. P. Aeckerlin, and J. K. Buitelaar., "Functioning, comorbidity and treatment of 141 adults with attention deficit hyperactivity disorder (ADHD) at a psychiatric outpatient department", *Nederlands tijdschrift voor geneeskunde* 145-31, 2001, pp. 1498-1501.; McGough, James J., et al., "Psychiatric comorbidity in adult attention deficit hyperactivity disorder: findings from multiplex families", *American Journal of Psychiatry* 162-9, 2005, pp. 1621-1627.

33 Turgay, Atilla, and Rubaba Ansari., "Major depression with ADHD: in children and adolescents", *Psychiatry (Edgmont)* 3-4, 2006, pp. 20.

34 Loflin, Mallory, et al., "Subtypes of attention deficit-hyperactivity disorder (ADHD) and cannabis use", *Substance use & misuse* 49-4, 2014, pp. 427-434.

35 3부 30번 주석과 동일.

36 Quinn, Patricia., *100 Questions & Answers About Attention Deficit Hyperactivity Disorder (ADHD) in Women and Girls*, Jones & Bartlett Learnin, 2010.

37 American Psychiatric Association, and American Psychiatric Association, *DSM 5*, American Psychiatric Association, 2013, pp. 51.

38 American Psychiatric Association, and American Psychiatric Association, *DSM 5*, American Psychiatric Association, 2013. pp. 67.

39 Parikh, Aashish R., and Sarah E. Baker, "Adult ADHD: pharmacologic treatment in the DSM-5 era", *Curr Psychiatr* 15, 2016, pp. 18-25.

40 3장 2번 주석과 동일.

41 Broverman, Inge., et al., "Sex-role stereotypes and clinical judgments of mental health", *Journal of consulting and clinical psychology* 34-1, 1970, pp. 1-7.; Molinari, V., Ames, A., & Essa, M., "Prevalence of personality disorders in two geropsychiatric inpatient units", *Journal of Geriatric Psychiatry and Neurology* 7, 1994, pp. 209-215.; Mukherjee, Sukdeb, et al., "Misdiagnosis of schizophrenia in bipolar patients: a multiethnic comparison", *The American Journal of Psychiatry* 140-12, 1983, pp. 1571-1574.

42 Bruchmüller, Katrin, Jürgen Margraf, and Silvia Schneider, "Is ADHD diagnosed in accord with diagnostic criteria? Overdiagnosis and influence of client gender on diagnosis", *Journal of consulting and clinical psychology* 80-1, 2012, pp. 128-138.; Dohrenwend, Bruce P., Barbara S. Dohrenwend, "Reply to Gove and Tudor on 'Sex Difference in Psychiatric Disorders' ", *American Journal of Sociology* 82, 1977, pp. 1336-1345.; Gove, Walter R., and Jeanette F. Tudor, "Adult Sex Roles and Mental Illness", *American Journal of Sociology* 78, 1973, pp. 812-835.

43 3장 2번 주석과 동일.

44 Potts, Marilyn K., M. Audrey Burnam, and Kenneth B. Wells, "Gender differences in depression detection: a comparison of clinician diagnosis and standardized assessment", *Psychological Assessment: A journal of consulting and clinical psychology* 3-4, 1991, pp. 609.

45 최윤경, 〈여성의 정신건강에 대한 고찰: 젠더 편향과 여성 고유의 위험요인을 중심으로〉, 《젠더와 문화》, 제3권, 계명대학교 여성학연구소, 2010, 203~232쪽.

46 이원익, 《성인 ADHD의 개념과 진단 그리고 치료를 위한 지침서》, 하나의학사, 2019, 758쪽.

47 Cynthia M. Hartung and Thomas A. Widiger, "Gender Differences in the Diagnosis of Mental Disorders: Conclusions and Controversies of the DSM-IV", *Psychological bulletin* 123-3, 1998, pp. 260-278.

48 Eriksen, K., & Kress, V. E., "The DSM and the Professional Counseling Identity: Bridging the Gap", *Journal of Mental Health Counseling* 28-3, 2006, pp. 202-217.; Schwartz, R. C., Lent, J., & Giehsler, J., "Gender and diagnosis of mental disorders: Implications for mental health counseling", *Journal of Mental Health Counseling* 33-4, 2011, pp. 347-358.; 3장 1번 주석과 동일.

4장 진료실 밖에서도 여성 ADHD는 지워졌다

1 Sciutto, Mark., Cara J. Nolfi, and Carla Bluhm, "Effects of child gender and symptom type on referrals for ADHD by elementary school teachers", *Journal of Emotional and Behavioral Disorders* 12-4, 2004, pp. 247-253.

2 Pisecco, Stewart, Christopher Huzinec, and David Curtis, "The effect of child characteristics on teachers' acceptability of classroom-based behavioral strategies

and psychostimulant medication for the treatment of ADHD", *Journal of Clinical Child Psychology* 30-3, 2001, pp. 413-421.

3 Coles, E. K., Slavec, J., Bernstein, M., & Baroni, E, "Exploring the Gender Gap in Referrals for Children With ADHD and Other Disruptive Behavior Disorders", *Journal of Attention Disorders* 16-2, 2012, pp. 101-108.

4 Davis, Deborah Winders, et al., "Disparities in ADHD diagnosis and treatment by race/ethnicity in youth receiving Kentucky Medicaid in 2017", *Ethnicity & disease* 31-1, 2021, pp. 67-76.

5 Derks, Eske., Hudziak, J. J., & Boomsma, D. I., "Why more boys than girls with ADHD receive treatment: a study of Dutch twins", *Twin Research and Human Genetics* 10-5, 2007, pp. 765-770.

6 Ohan, J. L., & Visser, T. A., "Why is there a gender gap in children presenting for attention deficit/hyperactivity disorder services?", *Journal of Clinical Child & Adolescent Psychology* 38-5, 2009, pp. 650-660.

7 Barkley, Russell A., "International consensus statement on ADHD", *Journal of the American Academy of Child and Adolescent Psychiatry* 41-12, 2002, pp. 1389.

8 Afifi, M., "Gender differences in mental health", *Singapore medical journal* 48-5, 2007, pp. 385.

9 Rubin, J. Z., Provenzano, F. J., & Luria, Z., "The eye of the beholder: Parents' views on sex of newborns", *American Journal of Orthopsychiatry* 44, 1974, pp. 512-519.; 김태련 외, 《여성심리》, 이화여자대학교출판문화원, 1996, 257~277쪽.

10 주디스 워렐, 파멜라 리머 지음, 김민예숙, 강김문순 옮김, 《여성주의 상담의 이론과 실제》, 한울아카데미, 2018, 46쪽.

11 Miriam greenspan, *Healing Through the Dark Emotions: The Wisdom of Grief,*

Fear, and Despair, Shambhala Publications, 2004, pp. 214.

12 유영달, 〈남녀간 정신장애 유병률 차이에 관한 소고〉, 《여성연구논집》, 제14권, 신라대학교 여성문제연구소, 2003, 127~160쪽.

13 Loring, M., & Powell, B., "Gender, race, and DSM-III: A study of the objectivity of psychiatric diagnostic behavior", *Journal of health and social behavior* 29-1, 1988, pp. 1-22.

14 이혜성, 《여성상담》, 정일, 1998, 40쪽.

15 Crick, Nicki., & Grotpeter, Jennifer., "Relational aggression, gender, and social-psychological adjustment", *Child Development* 66, 1995, pp. 710 -722.

16 Zahn-Waxler, Carolyn, Bonnie Klimes-Dougan, and Marcia J. Slattery, "Internalizing problems of childhood and adolescence: Prospects, pitfalls, and progress in understanding the development of anxiety and depression", *Development and psychopathology* 12-3, 2000, pp. 443-466.

17 Coyne, Sarah M., and Jamie M. Ostrov, eds, *The development of relational aggression* oxford university press, 2018.; Mytum, Harold, *Girls and aggression: Contributing factors and intervention principles. No. 19*, Springer Science & Business Media, 2004, pp. 240.

18 Nadeau, Kathleen, and Patricia Quinn, "Women and ADHD", NCGI, 2005, pp. 1-4.

19 Quinn, Patricia., *100 Questions & Answers About Attention Deficit Hyperactivity Disorder (ADHD) in Women and Girls*, Jones & Bartlett Learnin, 2010, pp. 19.

20 Greenspan, M., *A new approach to women & therapy*, Tab Books, 1993, pp. 212.

21 Fagot, Beverly., and Mary Leinbach, "The young child's gender schema: Environmental input, internal organization", *Child development* 60-3, 1989, pp. 663-672.

22 Carter, Bruce., & McCloskey, Laura., "Peers and the maintenance of sex-typed behavior: The development of children's conceptions of cross-gender behavior in their peers", *Social Cognition* 2-4, 1984, pp. 294-314.

23 조혜자, 방희정, 〈여성의 명시적 암묵적 자아해석에 미치는 성 고정관념의 영향〉, 《한국심리학회지: 여성》, 제8권, 한국심리학회, 2003, 101~121쪽.

24 Hurlbert, A. C., & Ling, Y., "Biological components of sex differences in color preference", *Current Biology* 17, 2007, pp. 623-625.

25 Paolo Frassanito & Benedetta Pettorini, "Pink and blue: the color of gender", *Childs Nerv Syst* 24, 2008, pp. 881-882.

26 Dowling, C., & Dowling, C., *Cinderella complex*. New York: Pocket Books, 1990.

27 Kundsin, Ruth., ed., *Women & Success: The Anatomy of Achievement*, William Morrow, 1974.

28 4장 26번 주석과 동일.

29 3장 41번 주석과 동일.

30 3장 2번 주석과 동일.

31 Gove, W. R., "The relationship between sex roles, marital status, and mental illness", *Social forces* 51-1, 1972, pp. 34-44.; 3장 45번 주석과 동일.

32 Grilo, C. M., Becker, D. F., Edell, W. S., & McGlashan, T. H, "Stability and change of DSM-III-R personality disorder dimensions in adolescents followed up 2 years after psychiatric hospitalization", *Comprehensive Psychiatry* 42-5,

2001, pp. 364-368.; Robinson, Damon Ann, and Judith Worell, "Issues in clinical assessment with women", *J Clinical personality assessment: Practical approaches* 2, pp. 90-207.

34 Caplan, Paula J., and Ian Hall-McCorquodale, "Mother-blaming in major clinical journals", *American Journal of Orthopsychiatry* 55-3, 1985, pp. 345-353.

34 "고독사 예방 좋지만…왜 중년 독거男만 반찬 지원해주나?", 《한국경제》, 2019. 3. 18.

5장 우리가 잃어버린 소녀들의 미래

1 3장 2번 주석과 동일.

2 Coombs, A. W., "Some observations on self-concept theory and research", *Self-concept: Advances in Theory and Research* 13-2, 1981, pp. 93-111.

3 Casper, Regina C., Daniel Offer, and Eric Ostrov, "The self-image of adolescents with acute anorexia nervosa", *The Journal of pediatrics* 98-4, 1981, pp. 656-661.

4 Rucklidge, Julia J., and Bonnie J. Kaplan, "Psychological functioning of women identified in adulthood with attention-deficit/hyperactivity disorder", *Journal of Attention disorders* 2, 1997, pp. 167-176.

5 구승신, 정옥희, 장성화, 〈청소년의 자아정체감, 사회적지지와 정신건강과의 관계〉, 《한국콘텐츠학회논문지》, 제11권, 2011, 225~237쪽.

6 김중술, 『다면적 인성검사』, 서울대학교출판문화원, 1988, 41쪽.

7 Seligman, Martin., and Steven F. Maier, "Failure to escape traumatic shock", *Journal of experimental psychology* 74-1, 1967, pp. 1-9.

8 한국임상심리학회, 윤리규정 제31조 동물의 인도적인 보호와 사용.

9 Rucklidge, Julia J., and Rosemary Tannock, "Psychiatric, psychosocial, and cognitive functioning of female adolescents with ADHD", *Journal of the American Academy of Child & Adolescent Psychiatry* 40-5, 2001, pp. 530-540.

10 Sarkis, Stephanie, *Gaslighting: Recognize Manipulative and Emotionally Abusive People-and Break Free*, Da Capo Lifelong Books, 2018.

11 Sarkis, Stephanie, "The Gaslighting Risk: Why Adults with ADHD Are Particularly Vulnerable to Manipulation", *ADDITUDE*, April 7, 2021, www.additudemag.com/gaslighting-adhd-adults-women-risk.

12 5장 6번 주석과 동일.; Sarkis, Stephanie, *Gaslighting: Recognize Manipulative and Emotionally Abusive People-and Break Free*, Da Capo Lifelong Books, 2018.

6장 ADHD로 인해 잃어버린 나를 되찾기

1 Quinn, Patricia., *100 Questions & Answers About Attention Deficit Hyperactivity Disorder (ADHD) in Women and Girls*, Jones & Bartlett Learnin, 2010, pp. 68.

7장 우리가 나아가야 할 방향

1 Susan Pinsky, *Organizing Solutions for People with ADHD*, Fair Winds Press, 2012.

2 "ADHD Coaches", *ADDITUDE DIRECTORY*, http://directory.additudemag.

com/listing/guide/adhd-coaches/.

3 Eileen Bailey, "Improve Working Memory: Brain Training Tricks", *ADDITUDE*, February 5, 2021, www.additudemag.com/improve-working-memory.

4 인지부조화는 행동이 태도를 변화시키는 현상을 말한다. 사람들은 자신의 행동과 태도의 일관성을 지키려는 동기가 있다. 따라서 자신의 인지(개인의 신념, 생각, 가치 등)와 행동, 환경적 요소들이 불일치할 경우 긴장감을 느끼게 되고, 이 부조화로 인한 불편감을 해소하고자 자신의 태도를 행동과 일치하는 방향으로 바꾸어 조화로운 상태로 회복하려 한다는 것이다(Festinger, 1957).

5 "Pomodoro Technique", *toolshero*, December 18, 2017, www.toolshero.com/personal-development/pomodoro-technique-francesco-cirillo.

6 "〈인터뷰〉 데뷔 25주년 맞은 소프라노 조수미", 《연합뉴스》, 2011. 1. 9. http://news.naver.com/main/read.nhn?mode=LSD&mid=sec&oid=001&aid=0004858599&sid1=001/.

에필로그

1 주디스 워렐, 파멜라 리머 지음, 김민예숙, 강김문순 옮김, 『여성주의 상담의 이론과 실제』, 한울아카데미, 2018, 34쪽, 재인용.

약물일기

1 이원익, 『성인 ADHD의 개념과 진단 그리고 치료를 위한 지침서』, 하나의학사, 2018, 827쪽, 재인용.

나는 오늘 나에게
ADHD라는 이름을 주었다

1판 1쇄 발행일 2021년 6월 21일
1판 4쇄 발행일 2023년 5월 8일

지은이 신지수

발행인 김학원
발행처 (주)휴머니스트출판그룹
출판등록 제313-2007-000007호(2007년 1월 5일)
주소 (03991) 서울시 마포구 동교로23길 76(연남동)
전화 02-335-4422 **팩스** 02-334-3427
저자·독자 서비스 humanist@humanistbooks.com
홈페이지 www.humanistbooks.com
유튜브 youtube.com/user/humanistma **포스트** post.naver.com/hmcv
페이스북 facebook.com/hmcv2001 **인스타그램** @humanist_insta

편집주간 황서현 **편집** 이문경 **디자인** 박진영 박인규 **일러스트** 김라온(@llaonkim)
조판 이희수com. **용지** 화인페이퍼 **인쇄** 삼조인쇄 **제본** 해피문화사

ISBN 979-11-6080-659-5 03180